我国退役军人
待遇制度创新研究

殷茜 著

国防工业出版社

·北京·

图书在版编目（CIP）数据

我国退役军人待遇制度创新研究 / 殷茜著 . -- 北京：国防工业出版社 , 2025. -- ISBN 978-7-118-13728-6

Ⅰ . E263

中国国家版本馆 CIP 数据核字第 2025CW8347 号

※

国防工业出版社出版发行

（北京市海淀区紫竹院南路 23 号　邮政编码 100048）

北京凌奇印刷有限责任公司印刷

新华书店经售

*

开本 710×1000　1/16　　印张 11¾　　字数 148 千字

2025 年 6 月第 1 版第 1 次印刷　　印数 1—1300 册　　定价 128.00 元

（本书如有印装错误，我社负责调换）

国防书店：（010）88540777　　书店传真：（010）88540776

发行业务：（010）88540717　　发行传真：（010）88540762

前 言

退役军人待遇制度是维护广大退役军人合法权益,提升其获得感、安全感、幸福感的重要抓手,也是党和国家关心关爱退役军人的具体体现。进入新时代以来,退役军人待遇制度在深化国防和军队改革以及国家民生保障提质增效的背景下发展迅速。特别是退役军人事务部成立后,广泛出台措施办法,保障水平不断提高,待遇项目不断完善,尊崇氛围日益浓厚。但总的来看,仍存在理论基础薄弱、体系设计零散、项目功能弱化、精准激励有限等问题。退役军人为国防和军队建设作出了重要贡献,是党和国家的宝贵财富,是新时代社会主义建设的生力军。在开启第二个百年奋斗目标新征程的途中,如何有效疏解历史遗留问题,如何有效回应退役军人利益诉求,如何谋划用好退役军人这一现代化建设的重要力量,使其成为巩固党的执政地位、维护国家长治久安的坚固堡垒,需要进一步研究完善退役军人待遇制度。这不仅是具有重大现实意义和深远历史影响的时代课题,更是一项稳心聚魂的政治任务。

从现有研究来看,由于兵役制度与退役方式的复杂性、待遇制度研究视角与价值选择的不统一、新时代社会矛盾转化出现的新特点等原因,退役军人待遇制度在建制理念上尚未达成共识,政策制度"碎片化"问题没有得到彻底解决,多元主体共同参与治理的格局还未形成。长期以来,退役军人待遇作为一种管理保障实践,重政策轻理论,重"解决问题"轻"根本探究",制度体系建设的根基不深、后劲不足。本书力求在回应和解决上述问题上有所突破。围绕"健全退役军人工作体系和保障制度"的总要求,沿着"由理论到实践、由历史到现实、由共性到个性、由抽象到具体"的研究思路，对退役军人待遇制度的理论基础、发展规律、制度现状和改革创新着力点进行分析。研究提出了退役军人待遇制度的四重属性定位、四大功能作用与三对内在矛盾；考察分析了中美退役军人待遇制度历史沿革及演进规律，对比总结了中外退役军人待遇制度模式特点及通行做法，并从优化"统管统筹、运行高效"的管理保障体制，构建"覆盖全面、精准惠及"的待遇结构体系，建立"适度优厚、导向鲜明"的水平定位机制，筑牢"公正严明、权责清晰"的法治根基四个方面对改革创新我国退役军人待遇制度进行了研究。

  本书是我攻读军事学博士和做博士后研究工作期间研究成果的延续，得到了中国博士后科学基金的大力资助（资助编号：2021MD703968/2022T150791）。书中提出的观点，尽管吸纳了学术界许多已有成果，但仍是作者的一家之言，意在抛砖引玉，推动相关研究和讨论，力求为推动退役军人工作体系和保障制度的完善贡献一份力量。

作者
2024 年 12 月

目 录

绪论

一、研究背景与研究意义 / 1

（一）研究背景 / 1

（二）研究意义 / 2

二、研究现状 / 4

（一）关于退役军人待遇制度内涵与范畴的研究 / 4

（二）关于退役军人待遇制度历史沿革的研究 / 6

（三）关于退役军人待遇制度域外情况的研究 / 8

（四）关于退役军人待遇制度问题与对策的研究 / 9

（五）综合评价 / 10

三、研究范畴与研究方法 / 12

（一）研究范畴 / 12

（二）研究方法 / 17

四、本书框架与主要创新 / 18

（一）研究思路与结构安排 / 18

（二）主要创新 / 20

第一章 理性认识：基于退役军人待遇制度机理分析框架

一、退役军人待遇制度的属性定位 / 23

（一）准公共产品属性 / 23

（二）政治属性 / 25

（三）社会属性 / 25

（四）权利义务一致性 / 26

二、退役军人待遇制度的功能作用 / 29

（一）满足退役军人生存发展与精神抚慰需要 / 29

（二）维护国家和军队稳定 / 31

（三）促进社会融合 / 32

（四）引领崇军尚武价值风尚 / 33

三、退役军人待遇制度的内在矛盾 / 34

（一）待遇供给与待遇需求的矛盾 / 34

（二）保障公平与追求效率的矛盾 / 35

（三）保障能力与保障关系的对立统一 / 36

四、改革创新退役军人待遇制度的理论支撑 / 38

（一）公共产品理论——退役军人待遇体制优化的依据 / 38

（二）社会保障理论——退役军人待遇体系建构的依据 / 39

（三）阿马蒂亚·森的可行能力理论——退役军人待遇水平确立的依据 / 40

（四）特别权力关系理论——退役军人待遇法治完善的依据 / 41

第二章　历史演进：基于中美退役军人待遇制度比较分析

一、我国退役军人待遇制度的历史考察 / 43

（一）退役军人待遇制度的孕育萌芽阶段（1927年8月—1949年10月）/ 44

（二）退役军人待遇制度的曲折渐进阶段（1949年10月—1978年12月）/ 45

（三）退役军人待遇制度的探索蓄力阶段（1978年12月—2012年11月）/ 48

（四）退役军人待遇制度的创新发展阶段（2012年11月以来）/ 52

二、美国退役军人待遇制度的历史考察 / 57

（一）南北战争前：美国退役军人待遇制度开始形成 / 57

（二）第一次世界大战前：美国退役军人待遇制度持续深化 / 59

（三）第二次世界大战前后：美国退役军人待遇制度基本定型 / 62

（四）朝鲜战争以来：美国退役军人待遇制度缓慢发展 / 65

三、退役军人待遇制度历史演进的基本规律 / 68

（一）在保障理念上，呈现"救济—权利—福利"的递进升级 / 69

（二）在保障方式上，呈现"实物—货币—服务"的多元叠加 / 69

（三）在发展路径上，呈现"被动诱致性—主动创新性"的变迁轨迹 / 70

　　（四）在管理体制上，呈现"多头分散—统管统筹"的创新变革 / 71

第三章　制度现状：基于中外退役军人待遇制度比较分析

一、中外退役军人养老保障比较 / 72

二、中外退役军人医疗保障比较 / 77

三、中外退役军人住房保障比较 / 78

四、中外退役军人就业保障比较 / 79

五、中外退役军人抚恤优待比较 / 79

六、中外退役军人管理体制比较 / 80

七、中外退役军人法制保障比较 / 82

八、结论与启示 / 83

　　（一）退役军人待遇制度伴随国家经济社会发展逐步演进 / 83

　　（二）退役军人待遇制度设计应服从和服务于国家战略目标安排 / 84

　　（三）退役军人待遇保障应与国家社会保障制度建设相适应 / 86

　　（四）退役军人应享有高于一般国民的待遇保障 / 87

第四章　我国退役军人待遇制度改革创新的总体思路

一、指导思想和基本原则 / 89

（一）指导思想 / 89

（二）基本原则 / 90

二、我国退役军人待遇制度改革创新的总体目标 / 91

（一）在思想理念上，由救助解困基本保障向优厚尊崇激励发展转变 / 91

（二）在体系设计上，由零散碎片化规范向科学体系化建设转变 / 91

（三）在待遇标准上，由差别多元向公平规范转变 / 92

（四）在政策制度上，由依靠行政约束向依靠法律效力转变 / 92

（五）在保障模式上，由多头分散保障向集中统一保障转变 / 93

三、我国退役军人待遇制度改革创新的基本路径 / 93

（一）优化"统管统筹、运行高效"的退役军人待遇管理保障体制 / 94

（二）构建"覆盖全面、精准惠及"的退役军人待遇结构体系 / 95

（三）建立"适度优厚，导向鲜明"的退役军人待遇水平定位机制 / 96

（四）筑牢"公正严明、权责清晰"的退役军人待遇法治根基 / 96

第五章 优化"统管统筹、运行高效"的退役军人待遇管理保障体制

一、"统管统筹、运行高效"退役军人待遇管理保障体制的基本要义 / 98

二、优化"统管统筹、运行高效"退役军人待遇管理保障体制的主要依据 / 100

（一）着眼提升资源保障效率，应优化"统管统筹、运行高效"的待遇管理保障体制 / 100

（二）着眼理顺政府间权责关系，应优化"统管统筹、运行高效"的待遇管理保障体制 / 102

（三）着眼衔接国防和军队改革，应优化"统管统筹、运行高效"的待遇管理保障体制 / 103

三、优化"统管统筹、运行高效"退役军人待遇管理保障体制的具体举措 / 104

（一）在决策审议层，发挥统管统筹优势，健全偏好显示机制 / 104

（二）在管理执行层，理顺权责关系，优化财力配置 / 108

（三）在服务保障层，拓展机构职能，丰富服务形式 / 110

第六章 构建"覆盖全面、精准惠及"的退役军人待遇结构体系

一、"覆盖全面、精准惠及"退役军人待遇结构体系的基本要义 / 115

二、构建"覆盖全面、精准惠及"退役军人待遇结构体系的主要依据 / 118

（一）构建"覆盖全面、精准惠及"的待遇结构体系，是有序交融衔接、发挥功能作用的支撑载体 / 118

（二）构建"覆盖全面、精准惠及"的待遇结构体系，是厘清建制理念、着眼长远发展的重要举措 / 119

（三）构建"覆盖全面、精准惠及"的待遇结构体系，是突出保障重点、衔接军队改革的有力抓手 / 120

三、构建"覆盖全面、精准惠及"退役军人待遇结构体系的具体举措 / 121

（一）优化托底解困的抚恤救助制度 / 121

（二）建立支撑有力的补充保险制度 / 123

（三）完善优质实用的就业培训制度 / 127

（四）重构普惠施策的优待荣誉制度 / 129

第七章 建立"适度优厚，导向鲜明"的退役军人待遇水平定位机制

一、"适度优厚，导向鲜明"退役军人待遇水平定位机制的基本要义 / 131

二、建立"适度优厚，导向鲜明"退役军人待遇水平定位机制的主要依据 / 133

（一）建立"适度优厚、导向鲜明"的待遇水平定位机制，是引导各方形成合理预期、凝聚社会共识的重要举措 / 133

（二）建立"适度优厚、导向鲜明"的待遇水平定位机制，是检验政策实施效果、实现退役军人事务治理现代化的有力抓手 / 134

（三）建立"适度优厚、导向鲜明"的待遇水平定位机制，是遵循社会主要矛盾转化规律、适应民生保障发展形势的现实选择 / 134

三、建立"适度优厚，导向鲜明"退役军人待遇水平定位机制的具体举措 / 135

（一）更新待遇水平考察理念 / 135

（二）构建待遇水平评价指标体系 / 137

（三）优化待遇水平测度模型的权重 / 145

第八章　筑牢"公正严明、权责清晰"的退役军人待遇法治根基

一、"公正严明、权责清晰"退役军人待遇法治根基的基本要义 / 150

二、筑牢"公正严明、权责清晰"退役军人待遇法治根基的主要依据 / 152

（一）从破解法治建设矛盾瓶颈来看，应筑牢"公正严明、权责清晰"的法治根基 / 152

（二）从有效维护退役军人合法权益来看，应筑牢"公正严明、权责清晰"的法治根基 / 153

（三）从国外待遇制度建设相关经验来看，应筑牢"公正严明、权责清晰"的法治根基 / 154

三、筑牢"公正严明、权责清晰"退役军人待遇法治根基的具体举措 / 155

（一）制定立法纲要，推进法规体系建设 / 155

（二）明确权责关系，确保依法行政 / 159

（三）建立法律援助机制，促进司法公正 / 160

（四）建立个人诚信机制，引导退役军人自觉守法 / 161

参考文献

附录 《评价指标影响关系评分表》

后记

绪论

本章主要分析了退役军人待遇制度的研究背景与研究意义，综述了学术界现有研究成果与不足，明确了本书的研究范畴和研究方法，概括了研究脉络与逻辑结构，最后简要总结了创新之处。

一、研究背景与研究意义

（一）研究背景

人类社会自从有了阶级和国家，就有了军队和军人，也因此出现了退役军人群体。无论选择何种政权组织形式、社会制度、兵役制度，无论处于怎样的经济发展水平，退役军人待遇保障问题都事关国家社会发展稳定，事关军队战斗力吸引力凝聚力，古今中外，概莫能外。根据党的十九大的决策部署，2018年我国组建退役军人管理保障机构，标志着我国退役军人待遇保障实践进入了新的历史阶段。党的十九届四中全会明确提出："健全退役军人工作体系和保障制度"。退役军人工作体系作为国家治理体系和治理能力现代化的重要组成部分，退役军人保障制度作为退役军人政策制度体系的重要组成部分，都要求厚植理论根基、深入政策研判，为全面推进新时代中国特色退役军人制度打下坚实基础。

当前，贯通上下的组织管理体系已经建立，政策法规制度快速推进，制约退役军人工作发展的体制机制障碍实现重要突破。但是，管理保障工作仍存在不少困难和矛盾，集中体现在：一是政策制度"碎片化"问题没有彻底解决,待遇保障项目体系不完整,待遇水平定位不科学,整体设计亟待加强;二是工作运行体系不牢固,政府间事权与支出责任还未完全理顺,多元主体共同参与治理的格局还未形成,管理保障效能还有继续释放的空间;三是长期以来退役军人待遇保障作为一种管理保障实践,重政策轻理论,重"解决问题"轻"根本探究",使得制度体系建设的根基不深、后劲不足。随着中国特色社会主义进入新时代,世情国情军情发生深刻变化,对完善和发展退役军人待遇制度提出了新的更高要求。在我国开启全面建设社会主义现代化新征程,向第二个百年奋斗目标进军的关键时间节点,站在中华民族伟大复兴的高度思考谋划用好退役军人这一现代化建设的重要力量,积极探索完善有利于实现强军目标和增强民族凝聚力的退役军人待遇保障制度,具有重大现实意义和深远历史影响。

(二)研究意义

积极探索退役军人待遇制度改革的新思路、新途径,是贯彻落实习主席和党中央决策部署的重要举措,是维护广大军人军属合法权益的重要制度安排,事关军心士气,事关国防和军队建设大局,事关社会发展稳定大局,对实现"让军人成为全社会尊崇的职业"具有重大理论和现实意义。

一是丰富退役军人待遇制度基本理论的客观需要。迄今为止,学术界对退役军人待遇保障基础理论的研究并不多见,这一方面是由于管理保障工作政策性强、阶段性突出;另一方面也反映了退役军人管理保障作为政治学、社会学、管理学等学科的交叉地带,复杂程度高,难以用单一的理论模型进行解释。但爱因斯坦曾说,"问题的性质与特征远比问题的解决方法更为基础,因为问题的界定与呈现本身蕴含着问题的解决思路与办法。"[①] 探寻退役军人待遇制度的性质特点、

---

① 贾焕银.法治问题:性质与特征[J].求是学刊,2018(10):38-43.

功能作用、内在矛盾、发展规律等，是制度改革创新的逻辑起点。本书力求在这些方面有所突破，以夯实退役军人待遇管理保障研究的基础。

二是适应军事人力资源政策制度改革发展的现实选择。党的十九届四中全会提出"统筹军队各类人员制度安排，深化军官职业化制度、文职人员制度、兵役制度等改革，推动形成现代化战斗力生成模式，构建现代军事力量体系。"[①]军官职业化、文职人员等重大改革牵一发而动全身，与之密切相关的军人和退役军人待遇保障，是确保中国特色社会主义军事政策制度体系长期稳定运行、有效发挥作用的基础。构建适度优厚的退役军人待遇制度体系，持续完善和优化待遇保障政策，不但能够有效保障退役军人生活需要，以便其理性、尊严、有序地安排生计，也能解除现役军人后顾之忧，为其提供良好的安全预期，激励他们安心服役、多做贡献。

三是增强军事职业吸引力与民族凝聚力的重要制度安排。中外历史实践证明，军人社会地位事关国家安全之根基。军人地位不仅通过经济上与其他社会群体的多寡比较中有所体现，还与普罗大众对军人群体和军事职业的认知密切相关。因此，退役军人待遇问题不仅直接关系退役军人的福利，作为国家的一种制度安排，它也反映了意识形态层面的价值追求。通过妥善安排退役军人待遇，浓厚尊崇军事职业氛围，树立缅怀英雄先烈的良好风尚，培育全民崇军尚武的血性精神，能够持续厚植民意、凝聚共识，不断增强军事职业吸引力和民族凝聚力。

---

① 中共中央关于坚持和完善中国特色社会主义制度推进国家治理体系和治理能力现代化若干重大问题的决定[M].北京：人民出版社，2019：35.

二、研究现状

(一)关于退役军人待遇制度内涵与范畴的研究

退役军人待遇制度是本书的研究对象。按照研究对象的构成要素,对学术界现有研究情况进行如下梳理。

1. 关于"退役"

目前,按照退役方式不同,我国军人退役可分为转业(含自主择业)、复员和退休。当前,学术界有一部分研究是从退役方式的角度出发来探讨退役军人待遇问题的。比如,喻亚海、江力平、星光、甘洋等人重点研究了转业干部的退役安置问题。张毅、吕庆、郭继东等人专门研究了自主择业退役军官的保障问题。由于义务兵退伍和军官、军士退休作为一种相对成熟稳定的制度形式,专门进行研究的人不多,大都在退役军人待遇整体研究中一带而过。

2. 关于"退役军人"

按照身份不同,我国现役军人目前可分为军官、军士和义务兵。与之相对应,退役军人也可分为退役军官、退役军士和退伍义务兵。当前,学术界研究"退役军人"大概可分为四种思路:一是从整体上研究"退役军人"这一概念,如郝万禄、廖可元和祁智宏。二是分别研究"退役军官"或"退役士兵",如常非、陈荫洲、秦金瑞、范军等,他们主要研究"退役军官"。王岩、翁敏、张晶、王建新、罗济等主要研究"退役士兵"。三是将退役军官、退役军士和退伍义务兵交叉来进行研究,如万莉将研究对象的范围界定在退役军官和三级以上的高级军士。夏辉将研究对象的范围界定在服役十年以下的士兵(含军士和义务兵)。四是只研究特定时期的退役军人,如苏红艺研究了参战退役人员的优抚安置政策,王光路从身份认知的角度探讨了身份对参战退役人员相对剥夺感的影响。

3. 关于"退役军人待遇"

学术界按照"待遇"所涵盖内容的不同方面对"退役军人待遇"进行了探索。例如，张明轩研究了退役军人养老保险待遇，林志新研究了退役医疗保险制度，张鹏伟重点研究了退役军人的再教育问题，李明海、廖国庚等从就业安置角度出发探讨了退役军人待遇问题。

4. 关于"退役军人待遇制度"

现有文献从不同的研究视角对"退役军人待遇制度"进行了探讨。

1）管理学视角——退役军人安置论

由于退役军官长期以来是退役军人研究的主要对象，而退役军官的保障方式主要是计划安置与自主择业。因此，从管理学视角研究退役军人待遇制度一直是理论界的主流方向，这方面的代表性成果是罗平飞所著《当代中国军人退役安置制度研究》。随着军官职业化制度的兴起，从职业化角度研究退役军人待遇问题也是当前一个热点。例如李国强研究了职业化视角下退役军官安置制度改革问题；韩苗苗以陕西省退役军官安置为例探讨了职业化视角下团级军官退役安置问题；和淑绵从职业化视角探讨了自主择业退役安置制度；冯亚川、范磊生同样从职业化视角进行了研究。

2）经济学视角——退役军人补偿论

不少学者从经济学视角研究退役军人待遇制度，其中，一部分研究从职业转换成本补偿的角度出发，将退役费作为退役军人经济补偿的研究内容。例如，龚治军认为，"对退役军人实行经济补偿，目的在于补偿军人服役期间的超额劳动付出，保障其退役后职业转换期间的基本生活需要。"边俊伟、刘冬青、韩一鸣、初晖、石卫华、郝军旺、黄飞等也持类似观点，还有个别学者是从广义的角度来研究退役军人经济补偿待遇制度，如祁智宏。

3）社会学视角——退役军人优抚论

一些学者从社会学视角来看待退役军人待遇问题，集中在优待抚恤和社会保障两个方面进行研究。

尹传政梳理了建国以来优抚制度的发展变迁，重点研究了每一个历史阶段的优待、抚恤、褒扬和拥军优属工作。陈建平研究了14类重点优抚安置对象的需求。另外，自我党建党建军开始至新中国成立前这一特定历史阶段，部分历史专业的硕士研究生在史料的基础上考察某一根据地的优抚安置制度。例如：郎鹏鹏考察了晋察冀抗日根据地优抚制度实际运行状况；张红莲梳理和考察了1937—1945年间陕甘宁边区及华北抗日根据地优抚工作的历史。

聂和兴、张东江、李安等将退役军人安置与优抚作为军人社会保障制度的一部分进行研究；王文广、牟海侠、余华志等持相同观点。此外，杭志勇考察了陕甘宁边区社会保障的有关做法和经验。

4）法学视角——退役军人权益论

从法学视角研究退役军人待遇问题的学者普遍认为退役军人待遇是一种权益。从事这方面研究的代表性学者是罗保华；李瑰华从法律角度论述了军人退役安置的理论基础；李凌峰就改革完善具有中国特色的自主择业退役军人安置法律体系提出了自己的观点；叶琴、王思遥、邢成宾等从提高立法位阶、健全法律体系、完善法律救济等方面提出了针对退役军人权益保障的解决对策。

此外，还有个别学者从心理学的角度研究退役军人待遇问题，虽然不是完整的体系制度，但也具有一定参考价值。例如，罗永乾的《浅谈军人退役时的自我适应和社会支持》、胡光涛撰写的《待退役军人状态—特质焦虑、个性、应对与心理应激的相关研究》等。

（二）关于退役军人待遇制度历史沿革的研究

1. 关于退役军人待遇制度历史沿革的研究视角

除了按照时间轴的顺序梳理退役军人待遇制度历史沿革以外，现有研究还有三种不同视角。

第一种视角：将党和国家领导人的指导思想与退役军人待遇的历史变迁统筹考虑、通盘梳理。由于退役军人待遇制度政策性非常强，一定时期内的退役军人待遇制度甚至可以被看作是当时国家关于退役军人待遇问题所发布的各种政策法规的集合。作为国家意志的代言人，领导人的思想与国家政策又高度统一。因此，有学者从领导人思想和相关表述的角度梳理退役军人待遇制度的历史沿革，比如李国强、常非、曹俊等。

第二种视角：从兵役制度入手分析退役军人安置的历史变迁。这方面的代表人物是罗平飞，他简要分析了族兵制、世兵制、征兵制、募兵制等兵役制度形态，又将中国军人退役安置制度的历史变迁从辛亥革命以前、新中国成立前及新中国成立后三大历史阶段分别进行了梳理与阐述。采用这类分析视角的还有曹俊、熊章辉等。

第三种视角：通过回顾几次大规模裁军来梳理退役军人安置的历史沿革。例如，韩苗苗在其硕士论文中将1985年、1997年和2003年的三次大裁军作为军转安置的历史回顾部分进行了梳理，丁瑞重点阐述了退役军人安置在1980年以来几次大裁军中取得的成就。

2. 关于退役军人待遇制度历史沿革的阶段划分

当前学术界对于退役军人待遇制度的历史起点尚未达成共识，基本上可以概括为以下三种观点。

第一种代表性观点：自有兵役制度始即有退役军人待遇历史。除了罗平飞、曹俊等学者从兵役制度入手分析历史变迁的有关情况以外，徐鹏概述了从夏朝至民国时期的退役军官安置方式。孙进对退役军人待遇制度的历史变迁分别从民国以前和建军以后两个时间节点进行了回顾。需要指出的是，除罗平飞以外，其他几位学者虽然都对封建王朝时期退役军人待遇制度的历史有所提及，但也只是寥寥几笔，并未进行系统深入的研究。

第二种代表性观点：自我军建军开始研究退役军人待遇的历史沿革。1927年建军，在历史上是一个标志性的事件。由于我军是马克思列宁主义指导下的新式人民军队，其优抚安置政策与旧军阀管理下的军队以及历史上不同兵役制度形态下的退役安置制度有所不同。因此，研究退役军人待遇问题的历史起点定为1927年建军也是目前学术界很多学者所采取的方式，如李国强、袁欣、滕晓波、邱娟莲等。

第三种代表性观点：自新中国成立后开始研究退役军人待遇的历史沿革。这是目前学术界的主流观点。尹传政较为系统详实地分析了建国以来优抚制度的发展历史，叶庆双、江力平、张伟佳等的研究中对历史阶段的划分也大致相同。

虽然现有理论研究对退役军人待遇历史沿革的起点问题存在分歧，但是对关键历史事件的时间节点是基本达成共识的。1927年建军、1949年建国、1966年"文革"开始、1978年改革开放和2001年自主择业政策的出台这几个时间节点屡次作为划分退役军人待遇制度历史沿革的标志被提及。

（三）关于退役军人待遇制度域外情况的研究

1. 对国外退役军人待遇制度历史沿革的研究

介绍国外退役军人待遇制度历史沿革的代表性作品是王书峰的《美国退役军人教育资助政策形成与变迁研究》与罗保华的《美国退役军人权益保障制度研究》。这两本专著从教育资助和法律保护两个不同的侧面梳理了美国退役军人待遇制度的历史沿革。此外，还有一些学位论文梳理评述了美国退役军人的历史，如张璐、廖雅风、陈艳飞等。

2. 对国外退役军人待遇制度现状的介绍

目前，介绍国外退役军人待遇制度大概有以下两种思路。

一是总体介绍与评价不同国别的退役军人待遇。许多期刊文章从总体上研究了不同国别的退役军人待遇。例如，孟李介绍了外国退役军官所享受的政治待遇。迟维政介绍了世界发达国家退役军人安置工作的主要特点。魏岳江介绍了美国、俄罗斯、英国等国家退役军官的培训工作情况。徐鹏介绍了美国、英国、法国、韩国、日本、印度、波兰的军官退役后如何就业。朱华研究了外国退役军人非政府组织的有关情况。邹波专门比较了国外退役军人管理模式。

二是分国别研究退役军人待遇。分国别介绍退役军人待遇的研究数量也颇为可观。既有像《美国退役军人权益保障制度研究》这样的理论专著，也有一些期刊文章。既有全面介绍某一个国别退役军人待遇制度的，也有选取某一方面内容进行介绍的。涉及国家众多，简单梳理如下。

美国退役军人待遇制度研究数量最多，研究相对深入。例如，安之轩详细梳理了美国退役军人的福利待遇，廖国庚、刘宗胜研究了就业优待政策及启示，胡深、赵勇等研究了伤残退役军人就业援助制度，胡萍、赵勇介绍了就业中的政府干预措施，蔡学芹、李同安研究了职业培训制度及启示，杨征兵介绍了退役军人安置机构组织概况，朱军、王哲介绍了退役军人组织的人员组成情况，刘扬翻译介绍了美国军人退役金及残疾退役金制度，靳现存翻译介绍了军人退役制度改革设想。

井玉刚介绍了俄罗斯退役军官培训情况，郭传宣比较详细地介绍了法国退役军人安置与培训政策，熊世英、钱斯文简要概述了法国军人退役政策，范军简单介绍了巴基斯坦的军官退役制度，王培志、张裔以及鲍闯、涂德敏分别概述了印度退役军人安置制度，孙昭群介绍了印度军人退役安置特点与福利保障制度，白虎虎概括介绍了日本军官退役制度。此外，王培志分别介绍了韩国军官退役制度和德国的退役军官培训与就业政策，廖国庚简要介绍了英国和澳大利亚对退役军人的就业支持，周彦利简要介绍了芬兰、土耳其的军官退役制度。

（四）关于退役军人待遇制度问题与对策的研究

1. 对现行制度存在问题研究

学术界按照研究角度的不同从多个方面分析了现行制度存在的问题。例如，郝万禄认为存在退役经济补偿差别大、社会保险制度不健全、住房保障水平不够高、社会优待制度落实不到位的问题，祁智宏、王茂生等认为现行退役军人经济补偿制度存在标准偏低、计算办法不科学等问题，万莉、张一等认为主要问题是计划分配安置存在危机、自主择业政策不成熟等。

2. 解决对策研究

学术界也对完善退役军人待遇制度提出了各种对策措施。例如，谢锋提出要完善组织体系、改进安置方法、畅通反馈渠道。俞春涌提出要加强职业培训、拓宽安置方式，明兆春提出要提高退役费基数和经济补偿标准，马永富针对退役军人教育资助改革提出了成立专门机构、建立军地联动机制等相应对策。

（五）综合评价

尽管学术界从不同角度对退役军人待遇问题的诸多方面进行了研究，但这一领域还存在以下几方面问题亟待解决。

一是研究范畴尚未达成共识。通过前面的梳理不难发现，现有研究大都局限于退役军人待遇制度的某一方面，或从退役方式出发进行研究，或从人员身份类别出发进行研究，或从退役保障内容出发进行研究，或从某一学科视角出发进行研究，很少有从整体上系统研究退役军人待遇问题，究其原因在于学术界对退役军人待遇制度的研究范畴尚未达成共识。范畴，反映客观存在的基本性质、类、规律、关系等内容，是体系构建、价值分析、政策研究的逻辑起点。退役军人待遇制度是军事学、社会学、管理学、法学甚至心理学等学科的交叉内容，具有十分复杂的特点。因此，只有在理论上对这一问题有清晰明确的定位，在"退役""退役军人""退役军人待遇"这几大核心概念要素上达成一致认识，找准推动退役军人待遇制度发展的关键因素，明确退役军人待遇制度的功能作用、涵盖内容，厘清退役军人待遇制度与现役军人待遇制度、军人福利制度、军人社会保障制度之间的关系，才能在退役军人待遇问题研究上取得实质性突破。

二是研究过程与结论有待深入。目前，对我国退役军人待遇制度历史沿革梳理和外国退役军人待遇制度情况介绍不够深入。无论是研究我国退役军人待遇制度的历史沿革还是介绍外国退役军人待遇制度的有关情况，其目的不应仅是梳理政策介绍情况，更重要的是要总结经验教训，以期更加客观地看待现有制度，更有针对性地对下一步改革完善提出意见建议。首先，现有研究大多只注重介绍经验，不注重总结问题；对政策制度的考察，往往停留在梳理政策的层面，没有深入系统地分析特定历史时期技术革新、经济发展水平、外部环境、文化传承等方面对退役军人待遇制度的影响，以及退役军人待遇制度对当时经济社会发展反作用的情况。其次，对当前退役军人待遇制度存在问题的总结不够全面。如前所述，当前研究总是从某一侧面探讨退役军人待遇问题，这就导致对问题的总结往往也有所侧重，不够全面客观。例如，以"安置"为重点的文章，其关注点往往是就业。以"经济补偿"为重点的文章，其关注点则是补偿金。关注教育资助、权益保护、优待抚恤等问题的研究也都各有所侧重。总体而言，由于研究视角的分野导致学术界对当前退役军人待遇制度存在问题的总结不够全面。再次，破解当前退役军人待遇制度存在问题的对策不够具体。虽然研究视角各有不同，但现有研究对于完善退役军人待遇制度的对策建议却往往有所重合和交叉，大都提出了提高经济待遇、健全管理机构、加强立法保障、提升教育培训力度等内容。虽然无论选择什么视角来研究退役军人待遇，学者们给出的"药方"都近乎一致，但是，受体裁篇幅、时代条件等客观因素的限制，这些对策研究确实不够具体扎实，"疗效"有限。

三是研究方法仍有创新空间。综观现有研究，学术界研究退役军人待遇问题的学者集中在管理学、社会学、法学、哲学、心理学、军事学、经济学这些人文社会学科领域。因此，在研究手段上，多采用定性分析方法，较少采用量化分析方法，绝大多数研究都是采用比较分析方法、历史分析方法、文献分析方法、访谈法等。少数运用了统计分析工具，但往往运用在调查问卷上。调查问卷虽然具有一定的客观性，但是受样本数量、问卷内容设计等因素的影响，仍然具有局限性。个别从经济补偿角度研究退役军人待遇的学者采用了一些经济学的理念和方法，但又往往聚焦在退役费这一微观要素上。总体而言，退役军人待遇的研究方法还有创新的空间。

综述现有文献，亟待深入研究探索我国退役军人待遇制度改革的思路举措。

三、研究范畴与研究方法

（一）研究范畴

从现有文献来看，由于兵役制度与退役方式的复杂性、待遇保障制度研究视角与价值选择的不统一、新时代社会矛盾转化出现的新特点等原因，导致退役军人待遇制度这一概念尚未达成共识，厘清其概念内涵是深化理论研究的逻辑起点。

1. 退役军人

退役，是指正式终止服役。"退役"这一概念常用于指军人、武器装备或其他特定职业的劳动者终止服役。本书所研究的"退役"特指军人退役。目前，按照退役方式不同，我国军人退役可分为转业（含自主择业）、复员和（离）退休。按照身份不同，我国退役军人可分为退役军官、退役军士和退伍义务兵。构建退役军人待遇制度体系是一项基础性研究工作，涉及方面众多，人员身份与退役方式的不同导致待遇需求与供给差异性很大。虽难以面面俱到，但构建体系犹如搭建高楼，需明确统筹规划与有序推进的路线图，确保结构稳定，切不可在制度体系设计之初就将一部分群体排除在外或偏重于某一种退役方式下的退役军人。因此，本书研究的退役军人是广义的退役军人，包含所有复员、转业（含自主择业）、退休方式安置的退役军官、退役军士和退伍义务兵，以及烈士遗属、未成年子女和其他需要赡养的直系亲属。

2. 退役军人待遇

待遇，按照《辞海》的解释，有三层意思，"一是犹接待；二是作为动词，指对待，看待；三是指福利及物质报酬，也指权利、社会地位等。"本书所用"待遇"为《辞海》中第三层解释，即福利及物质报酬，也指权利、社会地位等。如前所述，由于研究视角的分野，理论界对退役军人待遇保障有不同的解释。因此，在这里有必要作一简要概念辨析。

1）待遇与福利

在理论界，福利一词被广泛应用于经济学、社会学和管理学研究领域。福利的概念按照由狭义到广义大致可分为：个人福利、职业福利、社会福利。个人福利，在经济学理论上指一个人的满足程度，即"效用"，在管理学上指间接经济性报酬，即总收入中扣除工资以外的那部分生活待遇。职业福利，"是以企业或社会团体为责任主体，并专门面向内部员工的一种福利待遇，它本质上属于职工激励范畴，是职工薪酬制度的重要补充。"① 社会福利，起源于慈善与济贫事业，在各国的具体政策实践上其内涵与外延有所不同。狭义的社会福利是社会保障的属概念，广义的社会福利是指"为实现人类社会一种正常和幸福的状态所做的各种制度安排。"②

虽然"福利"这一概念在不同的语境下其内涵与外延有差异，但是通过上面的梳理不难发现，福利直接指向经济性的利益，且利益享受条件并非依据劳动付出，更多的是基于福利享受者的身份与经济状况。无论是国家、社会还是特定组织提供补贴、服务、设施等，其出发点是为了使受众群体的生活得到改善，在组织内起到公平、正义或激励作用。军队系统为退役军人提供的某些政策，如优惠就医等，可视为一种职业福利。国家和社会为退役军人提供的某些政策，如继续

---

① 郑功成.社会保障学—理念、制度、实践与思辨[M].北京：商务印书馆，2000：24.
② 陈银娥.社会福利[M].北京：中国人民大学出版社，2004：2.

教育等，可视为一种狭义的社会福利。但是，无论是基于职业福利还是社会福利来解释国家管理保障退役军人的初衷，即为退役军人提供某种经济利益以改善其生活，显然都过于狭隘了。

2）待遇与社会保障

社会保障作为人类社会历史久远的制度安排，是有着自身特有规律的一种稳定、协调与发展机制。郑功成教授认为，"社会保障是各种具有经济福利性的、社会化的国民生活保障系统的统称。"前面在阐释"福利"概念时已经指出，无论是理论研究还是政策实践，对"福利"与"社会保障"这两个概念范围的认识未形成一致意见。广义的社会保障概念不再赘述，就现代社会保障制度而言，它是工业化的产物，涉及国家的权利与义务问题。李珍认为，"社会保障制度是国家通过立法并依法采取强制手段对国民收入进行再分配，对暂时或永久失去劳动能力及因各种原因造成生活苦难的社会成员提供基本生活保障和基本医疗服务的各种正式制度的总称。"[1]

社会保障的项目和人员范围在不同国家的政策实践中有不同的侧重，毋庸置疑的是，社会保障制度的基本功能作用是分散和减少个体风险、保护劳动力资源。退役军人作为全体国民的一部分，当然也有防范因年老、疾病、工伤等原因造成失去劳动能力和收入来源的诉求。但社会保障制度作为社会的"安全网"和"减震器"，所能提供的一定是基本生活需求的保障，是较低层次的保障。而退役军人作为军队与社会的桥梁，还要起到一定的价值引领和导向的作用，更何况党和国家目前对军人的职业定位是全社会尊崇的职业，相对应的，退役军人待遇除了包括与社会保障制度功能相同的项目结构，如养老保险、医疗保险等，不可避免地要包括荣誉激励、社会优待等项目。因此，对于退役军人的管理保障，"待遇"较"社会保障"更准确。

---

[1] 李珍.社会保障理论[M].4版.北京：中国劳动社会保障出版社，2009.

3）待遇与薪酬（报酬）

薪酬、薪水也被称为薪资，根据《韦氏辞典》和《牛津辞典》的解释，薪水（Salary）是指按月发放的年俸，限指白领阶层的收入。从地方组织和外军的研究成果来看，广义的薪酬（Compensation）既包括货币支付部分，如各种工资、津贴、奖金，也包括实物福利。如美国军人的薪酬由现金收入、非现金福利以及延期福利（如退休金等）三部分组成。无论是广义还是狭义，薪酬这一概念的指向与劳动直接相关，由于从事劳动，相应获得报酬。从性质上看，退役军人待遇在一定程度上蕴含延期支付的报酬，但从各国的管理保障实践来看，待遇供给与军事劳动显然不是完全的对等关系。更甚言之，我军并非志愿兵役制度，军人与国家也不是基于合同的雇佣关系。因此，"薪酬""报酬"的概念用在退役军人管理保障上显然不合适。

4）待遇与权益（权利）

据《辞海》解释，权益是"应该享受的不容侵犯的权利"。而权利，"是'义务'的对称，指法律赋予法律关系主体享有实施某种行为的许可，包括作为或不作为。"[①] 不少学者从法学视角研究退役军人管理保障时选用"权益"一词，本书之所以选用"待遇"而非"权益"或"权利"，主要是基于以下考量。

一是"待遇"起源于"权利"。在法哲学领域，对于"权利"的本质，有利益说、资格说、要求说、自由说等代表性学说。根据这些思想，权利分别或同时表明了一种利益、资格、自由、法律权利、法律上的权力或特权等。给予某人一定的待遇，本质上是因为它享有这种权利。

二是"待遇"不等同于"权利"。从权利的概念起源及演变出发，权利可区分为应然权利、法定权利和实然权利。应然权利是权利主体应当享有的权利；法定权利是由立法加以确认、保障的那部分应然权

---

① 曾庆敏.应用法律词典［M］.北京：社会科学文献出版社，2014.

利；实然权利是权利主体实际享有的应然权利和法定权利。应然权利不一定受到法律保障，法定权利不一定能够实际享有，实然权利则不一定在法律规定的范围内，退役军人待遇可视为一种应然权利。罗保华在论述美国退役军人权益保障时指出，"它最初并不是美国法律所确认和保护的'权利'，仅仅就是济贫法中的一种'恩赐'；但随着社会条件的变迁，在判例中又会将退役军人的权益确认为一种法律保护的'权利'。"[①]从这个意义上讲，"待遇"这一概念的边界较一般意义上的"权利"（法定权利）要宽泛。此外，"待遇"的使用方式也较"权利"更为灵活。退役军人享有的权利在内容上是动态发展的，随着国家政治、经济、社会、文化的变迁而不断变化，而法律的确立、修订和执行往往落后于权利发展的现实。因此，在研究退役军人管理保障时，应以开放的视角尽可能广泛地研究不同时期退役军人的"应然权利"，而后再结合政治、经济、社会、文化等方面的现实情况，分析哪些权利有必要也有条件通过立法予以制度化，转化为"法定权利"，使其维护和保障具有可能性、权威性和强制性。

通过相关概念辨析不难发现，在理论研究与政策实践方面，"福利""社会保障""薪酬""权利"这几个概念均在一定程度上存在广义与狭义的区别，其侧重点有所不同，但内涵所指又有交叉重合的地方。因此，在退役军人管理保障领域，选用任一概念都不如"待遇"贴切准确。综上所述，"退役军人待遇"这一概念可界定为：退役军人所享有的各种具有权利性、福利性与社会认同性保障项目的统称。

3. 退役军人待遇制度

据《辞海》解释，制度有三层意思："一是在一定历史条件下形成的政治、经济、文化等方面的体系，如经济制度；二是要求大家共同遵守的办事规程或行动准则，如工作制度；三是规格、格局"[②]从广义

---

① 罗保华.美国退役军人权益保障制度研究［M］.北京：法律出版社，2018.
② 夏征农.大辞海（第五卷）［M］.上海：上海辞书出版社，2003.

上讲，制度包括体制和机制。制度经济学家道格拉斯·诺斯认为，"制度是人为设计的、形塑人们互动关系的约束。"本书正是基于制度经济学有关制度作用的理念，研究退役军人待遇保障的基本理论、约束条件、实现路径等，属于狭义的制度范畴。

根据前面对相关概念内涵的辨析，参照"制度"的一般定义，本书将退役军人待遇制度这一概念界定为：国家为保障退役军人及其家庭成员享有权利性、福利性待遇制定的规程与准则体系的总称。

对于这一概念的内涵，应从以下几个方面把握。

一是退役军人待遇制度具有复合性。从目的上看，既包括要满足退役军人生存、发展和精神抚慰需要，也包括提升军事职业认同与实现社会公平正义；从内涵上看，不仅包括项目内容与标准水平等制度内核，还涉及供给主体与法律边界等外在保障。

二是退役军人待遇制度具有动态性。由于退役军人的需求随经济社会发展不断变化，国家的供给能力也受到战略导向和经济水平影响。因此，退役军人及其家庭成员享有的权利性、福利性待遇内容是客观变化的，保障方式与手段自然也会伴随调整。

三是退役军人待遇制度具有关联性。退役军人是连接现役军人与一般社会民众的桥梁，因此退役军人待遇保障的内容、方式、水平受到现役军人待遇制度的影响和制约，同时也不能脱离国家基本民生保障的原则、目标、内容等因素。

（二）研究方法

1. 文献分析法

文献分析法是最为基础同时又非常重要的研究方法。通过对国内外涉及退役军人待遇的图书、博（硕）士学位论文、学术期刊、研究报告等成果进行全面检索与系统分析，掌握现有学术研究的成果、进展和不足，进而确定本书的框架结构和主要着力点。

2. 唯物辩证法

唯物辩证法是马克思主义哲学认识论与方法论的核心，包括对立统一、质量互变和否定之否定三大基本规律；现象和本质、内容和形式、原因和结果、可能性和现实性、偶然性和必然性五对基本范畴；矛盾分析法这一重要分析方法。本书运用唯物辩证法的有关原理和方法分析了退役军人待遇制度的性质特征、功能作用及内在矛盾，力求厘清退役军人待遇制度的逻辑起点，筑牢理论分析的根基。

3. 比较分析法

比较分析法是指运用对比的逻辑规则寻求和确定两种以上相关事务的共同点和差异点，进而揭示深层差异或发展趋势。本书运用这一方法，对退役军人待遇制度进行了横纵两方面的比较。①系统考察并比较了中美退役军人待遇制度历史变迁，以探寻发展规律；②全面对比并分析了中外退役军人待遇制度现状，以寻求发展对策。

4. 网络层次分析法

网络层次分析法是运筹学中运用网络系统理论对多目标综合评价的一种层次权重决策方法，是层次分析法的一种递进，有利于解决同时存在递阶层次结构和内部循环相互支配结构的复杂决策问题。本书运用这一方法，对退役军人待遇水平定位的综合评价指标体系进行了分析。

四、本书框架与主要创新

（一）研究思路与结构安排

本书沿着"由理论到实践、由历史到现实、由共性到个性、由具体到抽象"的研究思路（图0-1），对退役军人待遇制度的理论基础、发展规律、制度现状和改革创新着力点进行研究。首先，介绍背景和研究意义，梳理总结相关文献，确定研究范畴、研究方法和研究思路。

然后，考察分析退役军人待遇制度的内在机理、历史演进和制度现状；在此基础上，确定改革创新退役军人待遇制度的指导思想、基本原则、总体目标和主要路径。最后在总体构想的统揽下，从管理保障体制、待遇结构体系、待遇水平定位与法治根基建设四个方面进行进一步探索和研究。

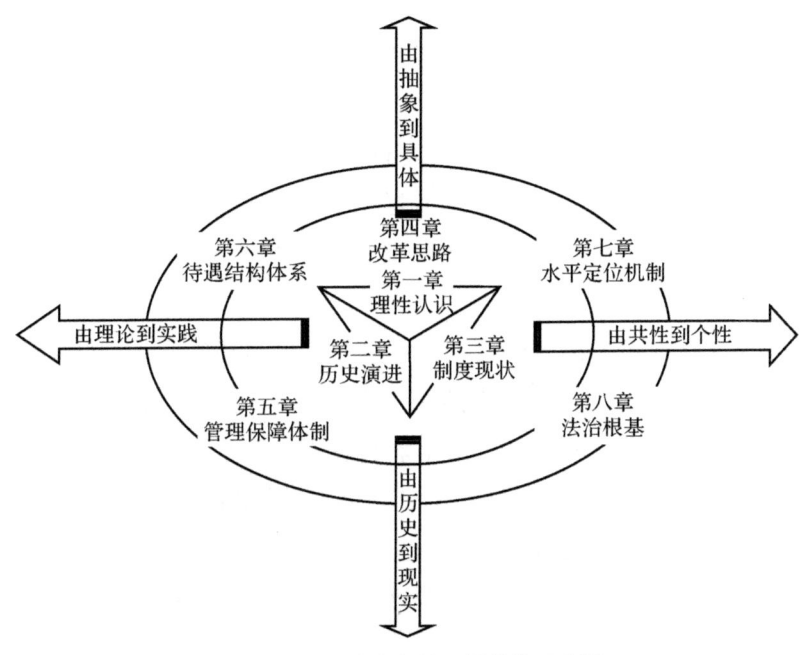

▶ 图 0-1 本书总体逻辑结构示意图

本书共 8 章，具体安排如下。

第一章：理性认识—基于退役军人待遇制度内在机理的分析框架。本章以唯物辩证法为指导，从理论上分析退役军人待遇制度的属性定位、功能作用与内在矛盾；以经济学、社会学、法学等学科的前沿理论为依据，提出改革创新退役军人待遇制度的理论支撑。

第二章：历史演进—基于中美退役军人待遇制度的比较分析。本章分别梳理考察中国与美国退役军人管理保障的历史沿革，探索退役军人待遇制度的历史演进规律，以更好地把握发展趋势。

第三章：制度现状—基于中外退役军人待遇制度的比较分析。本章系统对比中外退役军人养老保障、医疗保障、住房保障、就业保障、抚恤优待、管理体制、法制建设现状，总结经验与启示，找准当前我国退役军人制度建设的目标定位。

第四章：我国退役军人待遇制度改革创新的总体思路。在前三章分析的基础上，本章提出改革创新我国退役军人待遇制度的宏观思路，具体阐释改革创新待遇制度的指导思想、基本原则、总体目标和基本路径。

第五章：优化"统管统筹、运行高效"的退役军人待遇管理保障体制。本章从解析"统管统筹、运行高效"退役军人待遇管理保障体制的基本要义入手，分析优化管理保障体制的主要依据并提出具体举措。

第六章：构建"覆盖全面、精准惠及"的退役军人待遇结构体系。本章从解析"覆盖全面、精准惠及"退役军人待遇结构体系的基本要义入手，分析构建新型待遇结构体系的主要依据并提出具体举措。

第七章：建立"适度优厚，导向鲜明"的退役军人待遇水平定位机制。本章从解析"适度优厚、导向鲜明"退役军人待遇水平定位机制的基本要义入手，分析确立待遇水平定位机制的主要依据并提出具体举措。

第八章：筑牢"公正严明、权责清晰"的退役军人待遇法治根基。本章从解析"公正严明、权责清晰"法治保障的基本要义入手，分析筑牢法治根基的主要依据并提出具体举措。

（二）主要创新

一是分析研究了退役军人待遇制度的基本理论问题。本书着眼制度机理的分析框架，首先分析了退役军人待遇制度的四重理论属性和四大功能定位，运用辩证唯物主义的对立统一规律揭示退役军人待遇制度的三对核心矛盾，即"待遇供给与待遇需求对立统一、保障公平与追求效率对立统一、保障能力与保障关系对立统一";其次,围绕理念、方式、路径、体制四条主线,纵向考察了中美退役军人待遇制度的变迁,运用历史唯物主义方法论揭示了制度演进规律;最后,针对养老、医疗、就业等七个方面现状,横向考察了各国退役军人待遇制度的模式差异,总结了改革创新的共性原则;通过内外纵横的综合分析,立体构建制度改革创新的理论范式。

二是前瞻性地提出了我国退役军人待遇制度改革创新的目标框架。本书紧密围绕"健全退役军人工作体系和保障制度"的总要求,探索了改革创新我国退役军人待遇制度的宏观思路。重点围绕思想理念、体系结构、待遇标准、政策制度和保障模式提出了"五大转变"的总体目标;围绕待遇制度的三大内在矛盾,从管理保障体制、待遇结构体系、水平定位机制以及法治根基四个方面提出了改革创新待遇制度的基本路径。

三是分析设计了"统管统筹、运行高效"的退役军人待遇管理保障体制。本书以公共产品理论为指导,着眼有效整合社会服务保障资源、理顺政府间权责关系、衔接国防与军队改革,提出推动形成"政府主导、社会参与、分工合理、优势互补"的退役军人待遇制度组织形态,并从决策审议、管理执行和服务保障三个层面分析了管理保障体制的具体优化措施。为进一步推动管理体制创新提供建设性思路。

四是研究构建了"覆盖全面、精准惠及"的退役军人待遇结构体系。本书以中国特色社会保障理论为指导,着眼最大限度发挥待遇制度功能作用、有效保障退役军人生存与发展需要、突破传统保障难点,设计了集"托底解困的抚恤救助""支撑有力的补充保险""优质实用的就业培训"和"普惠施策的荣誉优待"四位一体的新型待遇体系,为推动形成与军官职业化制度相衔接的退役军人待遇保障制度提供重要参考。

五是创新分析了"适度优厚,导向鲜明"的退役军人待遇水平定位机制。本书以阿玛蒂亚·森的可行能力理论为指导,着眼顺应民生保障发展大势、凝聚社会共识、塑造政策预期目标，提出退役军人待遇应在"适度优厚"于社会平均水平的基础上，明确突出"优待导向、能力导向和贡献导向"的定位原则。以比较前沿的福利经济学可行能力理论为牵引，从供给、需求和功能三大维度切入，设计了考察退役军人待遇水平的指标体系，结合网络层次分析法初步评测了指标权重，为动态完善和优化调整退役军人待遇水平提供独特而有效的视角与方法。

第一章

理性认识：
基于退役军人待遇制度机理分析框架

从哲学层面分析退役军人待遇制度，从而形成对这一研究对象的理性认识，是本书展开的逻辑起点，也是政策研判的前提基础。本章以唯物辩证法为指导，依次分析了退役军人待遇制度的属性定位、功能作用及内在矛盾；以经济学、社会学、法学等学科的前沿理论为依据，提出了改革创新退役军人待遇制度的理论支撑，力求为全书合乎逻辑地展开打下坚实基础。

一、退役军人待遇制度的属性定位

问题的性质与特征是理论建构与实践展开的基础。性质，意即特性、本质，是事物本身所具有的与其他事物不同的根本属性。从某种意义上讲，一事物的性质就是由该事物所决定的事实，特点，即不同，是指人或事物所具有的独特的地方。一事物的内在规定性使其呈现出区别于其他事物的特殊性，因此性质与特点紧密关联，共同体现了该事物存在的价值，分析退役军人待遇制度性质特点的意义即在于此。

（一）准公共产品属性

根据诺贝尔经济学奖得主萨缪尔森的定义，（纯）公共产品指的是"每个人对这种产品的消费,都不会导致其他人对该产品消费的减少。"① 其基本特征是受益的非排他性和消费的非竞争性,如国防、灯塔。准公共产品,也称"混合产品","是指介于纯公共产品和私人产品之间的,具有不完全的非排他性、非竞争性特征的产品,包括公共资源和俱乐部产品。"②

退役军人待遇制度的准公共产品属性是由现役军人待遇制度的纯公共产品属性延伸而来的。在现代国家,国防安全的效用受益者是全体国民,国防负担是每一个国民应尽的义务,因而国家为了国防安全在现役军人待遇上所作的投入应视为一种纯公共产品。退役军人待遇制度有所不同,一方面,退役军人曾为国防安全做出贡献,即便退役后仍然是国家安全的重要后备力量,在面临安全危机和社会风险时,这些受过军事训练的退役军人仍然要担负起国民安全守护的重要作用。即便是和平时期,国家对退役军人待遇的投入也能有效提升国防意识与尚武精神,具有很强的正外部性。从这个角度看,作为国防的衍生品,退役军人待遇制度具有公共产品的属性。另一方面,这种公共产品又不是纯公共产品。首先,国家对现役军人待遇的投入是国防费的一部分,但是对退役军人待遇的投入大部分属于社会保障经费的范围,在总量不变的前提下,对退役军人待遇的投入势必要对其他社会群体的社会保障投入产生挤出效应。其次,从退役军人群体来看,政府在一定时期内的供给总是有限的,从而具有明显的"拥挤效应"。再次,退役军人所享有的养老、医疗、教育等待遇是准公共产品中的优质品,其本质具有私人产品的特性,政府和市场均可生产,但因其广泛的正外部性或信息不完全性使得市场生产难以实现资源的配置效率,还容易造成不公平,因此需要政府提供。综上所述,退役军人待遇制度具

---

① SAMUELSON P A.The Pure Theory of Public Expenditure[J].Review of Economics and Statistics.1954(11):387-389.

② 张思锋主编.公共经济学[M].北京:中国人民大学出版社,2018.

有非排他性和有限的非竞争性，是准公共产品。

（二）政治属性

军事从属于政治，军队本身是政治斗争的产物。恩格斯说，军队是执行政治集团政治任务的工具。任何阶级和国家建立军队，进行军事活动的目的都是为了实现本阶级的利益。因此，军队具有鲜明的政治属性。相应地，军人待遇制度和退役军人待遇制度也具有政治属性。战争催生了军队，国家政权稳定的需求孕育了退役军人待遇制度。因此，退役军人待遇制度在产生初始即打上了鲜明的政治烙印。国家保障退役军人待遇，其实质是以政治权力为依托进行资源分配和利益协调，经济社会资源的稀缺性与社会各群体需求的无限性矛盾导致国家为了保障退役军人待遇需要在社会各群体之间进行资源再分配。因此，退役军人待遇制度的理念、原则、目标和政策等都体现了权力主体的特殊意志。所以说，退役军人待遇制度具有政治属性。

（三）社会属性

退役军人待遇制度的社会属性可从以下两方面进行理解。

第一，退役军人待遇制度的社会属性首先源自其作用对象——退役军人的社会属性。马克思从人类社会历史发展的现实性出发揭示了人的本质，他指出"人的本质不是单个人所固有的抽象物，在其现实性上，它是一切社会关系的总和。"[①] 人的能动性、创造性、主体性的根源，在于人的社会性。退役军人与其他社会成员一样，置身于一定的社会关系中，参与社会生产、交换、分配等实践活动，毋庸置疑地具有社会属性。此外，军队是一个组织性强、纪律性高的组织，军人在服役期间通常会养成较强的组织纪律观念和组织管理能力。共同拼

---

① 马克思，恩格斯. 马克思恩格斯选集：第1卷[M]. 北京：人民出版社，2012：323.

搏战斗的经历、严苛残酷的军事训练、远离家人的集体生活也会促使军人之间情感的连结高于一般组织机构成员。这种较为紧密的情感连结和较强的组织能力不会随着军人退役而消失掉，退役后散落在各地的退役军人具有广泛的社会聚合性，其社会属性较一般社会成员更加凸显。

第二，退役军人待遇制度的社会属性体现在其满足"社会需要"的功能上。马克思从物质资料生产活动出发，考察了不同社会生产条件下的"社会需要"，依据"社会需要"在维持社会存在与发展中起的作用不同，将其划分为三类：一是作为服务于社会生产的社会需要；二是作为服务于社会消费的社会需要；三是作为服务于生产关系再生产的制度性社会需要。①退役军人待遇制度是退役军人作为社会要素实现合理流动的根本保障，对于社会结构变动、社会形态变迁、社会思潮稳定具有重要的作用。从这个意义上讲，退役军人待遇制度与"劳动管理、国家事务、司法、科学、艺术等等"一样，这些政策制度能够更好地实现一个社会生产关系的再生产，从根本上维系这个社会的存在与发展。因此，退役军人待遇制度具有社会属性。

（四）权利义务一致性

"权利"与"义务"都是法律上的概念。权利是指法律赋予权利主体作为或不作为的许可、认定及保障。义务，是权利的对称，指应尽的责任。在法哲学领域，权利通常被认为是一种利益、主张、资格、能力或自由。义务的哲学实质是必然。马克思指出，"没有无义务的权利，也没有无权利的义务。"

权利义务一致性也是退役军人待遇制度的内在属性之一，它包括两层含义。一是指同一权利主体所享有的权利和应尽的义务具有一致性。退役军人与一般公民一样，享有权利就要履行相应的义务，如只

---

① 马克思，恩格斯．马克思恩格斯选集：第1卷［M］．北京：人民出版社，2012：323．

有缴纳社会保险的义务才能享受社会保险待遇的权利，在此不赘述。二是指不同权利主体之间的权利义务具有相对性，但从社会整体来看，权利与义务是一致的。这一点是退役军人待遇制度区别于其他社会群体保障制度的显著特征，也是国家优待退役军人的重要法理依据，在此重点剖析。

从法哲学角度剖析军人服役时的权利，可将其分为军人履职权力、军人履职自由、军人履职资格和军人履职利益[①]（图1-1）。退役军人享有国家优待保障的"特权"正是从军人履职资格和军人履职利益延伸而来的。军事职业作为一种特殊的社会分工，除一般职业所具有的共性特征外，还要求强制执行纪律与绝对服从，是政治属性（国家安全责任）、社会属性（社会公益权利）和伦理属性（公民义务）的统一体。军人从事军事职业活动、履行军事职业义务，使国家和社会获得安全保障的同时，军人个体的一般公民权利不可避免地会受到限制，

---

① 军人履职权力（power），表现为担负一定领导职务的军人在一定范围的军事活动中居于管理和指挥地位，对履行军事义务的具体活动进行决策和指挥，由此构成了与一定军事义务相一致的军事决策权和军事指挥权。军人履职自由（immunity），履职自由，应理解为职业豁免，是指由职业性质所带来的法定免除。军事职业的特点之一是使用暴力，因此，军人履职自由是指军人在履行军事义务的过程中有依法使用武器的权利和在执行任务中受到非法阻碍时依法采取手段予以排除的权利。军人履职资格（privilege），资格，是从事某种活动所应具备的条件或身份。从条件角度看，军事职业要求军人具备一定的从业条件，包括掌握军事知识、战术技术水平及智能体能等。因此，职业军人应享有接受军事教育培训的资格，从而保证其开展职业活动的能力，这种资格就表现为军人接受职业教育训练的权利。从身份角度而言，由于从事军事职业，军人身份得以确立，随之延伸出与军人享有的特殊的荣誉资格，如被授予军衔的权利、获得荣誉称号（勋章、奖章）的权利、不被侮辱（损害）军人形象的权利等。军人履职利益（interest），主要包括两方面内容：一是作为劳动者从事一般军事劳动获取的相应的报酬；二是由于军事劳动特殊性带来的军人及其家庭获得的补偿性、优待性待遇。可细分为三大类：一是军人生活保障权，如工资、福利、住房、医疗、保险的优待优惠；二是军人退役保障权，主要是对退役军人进行安置去向、生活待遇、住房分配等方面予以优待，提供教育条件，并对退役伤病残军人实行特别保障；三是军人及家属优抚权，主要是对现役军人家属在随军、安置、就业、医疗、住房、生活、子女教育等方面予以优待。

军人权利与军人义务在时空和量级上呈现出非对称性，由此形成了军人权利的"特殊"性，相应地形成了退役军人待遇保障的必要性。

```
军人权利          ┌── 军人履职权力 ──┬── 军事决策权
(right)           │   (power)        └── 军事指挥权
                  │
                  ├── 军人履职自由 ──┬── 使用武器装备权
                  │   (immunity)     └── 职务妨碍解除权
                  │
                  ├── 军人履职资格 ──┬── 接受职业教育训练权
                  │   (privilege)    └── 获得荣誉权
                  │
                  └── 军人履职利益 ──┬── 军人生活保障权
                      (interest)     ├── 军人退役保障权
                                     └── 军人及家属优待权
```

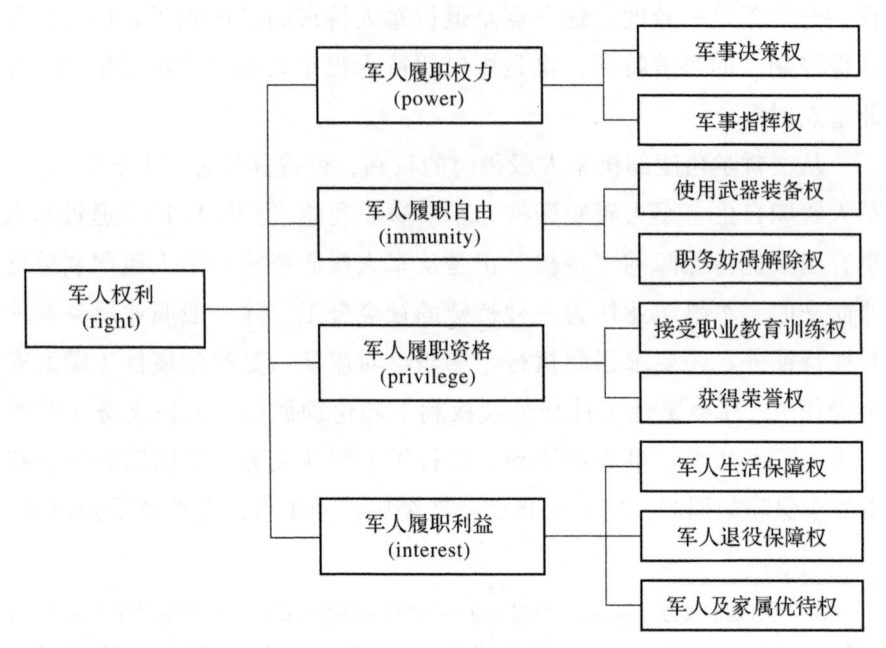

▼ 图1-1 军人权利构成图

一是军人服役时的一般公民权利会受到限制。根据行政法的特别权力关系理论，军人作为一种特殊的职业群体，其基本权益受到"特别权力关系"的约束。举例而言，生命权与健康权是每个公民应享有的最基本人权。但军人履行军事职业义务，首先要保障国家和社会的利益，因此当军人的生命权、健康权与国家安全和公众利益面临冲突时，军人要限制甚至牺牲自己的生命权、健康权。由于军事职业的高风险性、高奉献性、高流动性等特点，军人服役时需要经受气候恶劣、条件艰苦、生活枯燥等重重考验，在身体和精神上承受着超乎寻常的压力，加之部分疾病具有迟发性、隐藏性等特点，一些致使军人身心受损的隐患会到退役后才显现出来，对这种个人权利的受限甚至牺牲，国家应负有补偿的义务。

二是军事职业要求军人具备一定的从业条件，包括掌握军事知识、战术技术水平及智能体能等。因此，军人服役时应享有接受军事教育培训的资格，从而保证其具备开展职业活动的能力。由于军事技能的非通用性，客观上决定了军事职业的机会成本普遍高于社会其他职业，军人服役时所积累的专业知识和技能，往往随着退出现役而失去价值。所以为了使军人退役后能够获得社会认可的通用技能，国家应当保障退役军人接受继续教育和就业创业优惠的权利。

三是法律是社会关系的反映，由于社会分工不同，客观上不同社会群体的社会地位也是有差异的，表现在法律上即是权利义务有所不同。"军人依法优先"作为一种"特权"，既体现了对军人特殊贡献的补偿，也反映了军人的社会地位。国家之所以要立法保障军人的"特权"，其目的是通过明确军人地位，提升社会对军人职业的认同与尊崇。退役军人仍然代表军队形象，影响社会民众对军人群体地位与荣誉的认知，从这个意义上讲，国家为了提升军人的地位与荣誉应当将优待保障退役军人待遇一并考虑进来。

二、退役军人待遇制度的功能作用

功能是事物内部固有的效能，它是由事物内部要素结构决定的，是一种内化于事物内部相对稳定独立的机制，作用是事物与外部环境发生关系时所产生的效应。一般来说，功能是作用产生的内部依据和前提基础，作用是功能的外在表现。分析退役军人待遇制度的功能作用，对完善待遇制度项目内容和健全待遇制度体系结构具有重要的指导意义。

（一）满足退役军人生存发展与精神抚慰需要

"人的需要是人的生存状态的最深刻表现形式之一，它构成了人类开展社会实践活动的基本动力和主要目的，在满足人的需要的实践活动中，人们在建构着不同的社会关系，个人和社会的辩证关系在此得到了全面的体现。"① 人的需要也是唯物史观的逻辑起点。马克思在《〈黑格尔法哲学批判〉导言》《1844年经济学哲学手稿》《德意志意识形态》几篇文章中系统阐述了需要理论。他指出,从需要的层次看,人有生存需要、发展需要、享受需要等。从需要的类型看,人有自然需要、社会需要、精神需要等。退役军人当然也有这些需要。通过待遇制度保障退役军人的生存发展与精神抚慰需要,是退役军人待遇制度首要的基本的功能作用。

第一,通过养老、医疗、住房、救助等项目来解除退役军人生存危机,满足其生存需要。马克思在《德意志意识形态》一文指出,"生存需要是人作为生命有机体最原始的内在需要,它是人的其他需要产生的自然基础。"② 老有所养、病有所医、住有所居、弱有所扶,能够使人类获得基本的安全感。由于军事劳动的高流动性、高风险性等特征,退役军人基本生存需要的满足较一般国民更为艰难,通过养老、医疗、住房、救助等项目内容能够有效解除退役军人的生存危机,满足其基本生存需要。

第二,通过教育培训和就业创业支持等项目来提高退役军人市场生存能力,满足其发展需要。"发展是人类社会永恒的主题,人的发展则构成了主题的主题。"③ 人作为社会存在物,既有使得自己的体力智力得到充分展现的需要,也有创造和超越的需要。恩格斯指出,"每个人都无可争辩地有权发展自己的才能。"由于军事劳动的非通用性,机会成本较高,军人退役后,其劳动能力需要重新获得社会认可。通过教育培训和就业创业支持等项目内容,可以有效提高退役军人的市场生存能力,在新的人生舞台继续出彩,满足其发展需要。

第三,通过优待和荣誉激励等项目来满足退役军人精神抚慰需要。

---

① 曹百瑛.马克思人的本质及人的全面发展理论再省思[J].理论探讨,2012(5):173.
② 胡家勇.论人的需要及其实现[J].中州学刊,2019(10):25.
③ 翁良殊,路日亮.人的需要与社会主要矛盾的转变[J].北京交通大学学报(社会科学版),2019(7):148.

墨子言,"食必常饱,然后求美;衣必常暖,然后求丽;居必常安,然后求乐。"① 在生存需要和发展需要之外,人都有对精神生活的向往和追求。军人,生而为战,所追求的是安全与和平。褒扬英烈、抚慰遗属、优待退役军人,就是对这种精神追求最高的礼赞。

"仓廪足而知礼节,衣食足而知荣辱",待遇制度是保障退役军人生存发展与精神抚慰的"安全网"。

(二)维护国家和军队稳定

郝万禄教授在论述军队福利稳定社会的职能时曾提到,"影响社会安定的因素有很多,其中,人们的生存无保障是重要致因。政府通过军队福利这个重要的调控工具,保证军人的生活水平不下降甚至有所提高和改善,稳定了军人又通过军人稳定了社会。"② 退役军人待遇制度具有类似的作用机制,其维护国家和军队稳定的职能可以具体从以下两方面阐述:

首先,通过满足退役军人生存发展需要来稳定退役军人群体。马克思在《德意志意识形态》一文中指出,"人从事第一个历史活动的出发点或创造历史的真正动机是人的生活,亦即人的需要。"如前所述,退役军人待遇制度通过提供军人退役后的养老、医疗、住房、教育培训、再就业优待等保障措施,能够帮助个体抵御生存风险,为其提供人生出彩的机会,从而有效满足退役军人的生存发展需求。个体生活无虞,群体自然稳定。

其次,通过强化现役军人生存发展预期来稳定军心。由于军事职业的特殊性,大部分军人都会面临退役,可以说,退役军人的今天就是现役军人的明天。退役军人待遇制度建设完善、运行顺畅、保障有力,能够为现役军人提供良好的生存发展预期,解决其后顾之忧,确

---

① 刘向. 说苑(引《墨子》佚文)[M]. 北京:中华书局,2019:52.
② 郝万禄. 中国军队福利制度研究[M]. 北京:国防大学出版社,2011:77.

保其安心服役。长远来看，还可以增强军事职业吸引力，提高军人社会地位，稳定军心。

"国家大柄，莫重于兵。"退役军人与现役军人稳定，则军队稳定；军队稳定，国家才能稳定。从这个意义上看，退役军人待遇制度可以说是稳定国家和军队的"压舱石"。

（三）促进社会融合

社会矛盾是社会存在与发展的基本样态。社会结构随着运动变化会发生转型，在此过程中，矛盾冲突会加剧。此时，组织、制度、价值观念等要素作为连接纽带需要进行相应调整，推动相冲突的各方实现在更高层次上的融合，以确保社会系统各个部分良性互动。退役军人作为现役军人与一般国民的桥梁，是社会融合的重要媒介。

首先，军人退役，从一定程度上说，就是军人身份角色和功能作用的转变，也是军人作为社会要素在社会结构中的流动，这一过程需要经历"再社会化"。因此，通过提供社会通用技能岗前培训以及提供优惠的就业创业政策，使退役军人实现高质量充分就业，那么退役军人群体作为社会要素就实现了从军队到地方的合理流动，从而维护社会稳定均衡。

其次，军人入伍前，来自五湖四海，其教育背景、家庭背景、先天资源禀赋皆有差异，社会阶层流动性有限。但退役后，在国家统一的优待政策下，往往有机会获得入伍前凭借自身和家庭支持难以获得的教育培训及就业创业资源，实现阶层跃升，从而推动社会结构在高层次上实现融合。从美国的情况来看，自《1944年退役军人权利法案》出台以来，退役军人在教育资助政策下接受高等教育的程度显著提高，使其得以顺利回归社会，有效促进了美国战后中产阶级的成长，甚至"改变了整个国家的阶级结构"。[①] 因此，退役军人待遇制度可以

---

① 王书峰.美国退役军人教育资助政策形成与变迁研究[M].广州：广东高等教育出版社，2009：155.

说是社会融合的"加速器"。

（四）引领崇军尚武价值风尚

退役军人保障问题不仅直接关系退役军人的福利待遇，作为国家的一种制度安排，它也反映了意识形态层面的价值追求。因此，退役军人待遇制度具有引领崇军尚武价值风尚的功能作用。这可以从以下两方面理解：

首先，通过褒扬英烈、优待军人军属来厚植尊崇军事职业的社会价值认同。"军人荣誉，不仅与军人驰骋沙场、马革裹尸有关，同时还深刻地表现为一种社会文化形态，是社会大众对军人职业和军队宗旨的广泛认同，是一个国家国防和军队建设的重要软实力。"[1]退役军人待遇保障地好，不仅可以增强军人荣誉感，更能在社会舆论细微之处，于普罗大众生活之间，广泛而充分地体现军事职业的精神价值与物质引力，培养崇尚军事、尊敬军人和退役军人的良好社会风气。

其次，通过优待退役军人、提升军事职业比较优势来吸引广大有志青年献身国防，进而培育全民尚武的精神血性，稳固国家安全之根基。军事职业吸引力越强，投身军队的仁人志士越多，全民尚武的血性精神就越高昂，国家安全就越有保障。历史实践证明，尚武精神高昂则民族兴，尚武精神低落则民族弱。

"一个英明的政府，其一贯的宗旨应该是，提高军人的地位，培养全民的光荣感和英勇精神。"[2]应该认识到，军人职业社会尊崇度的高低不仅关乎军人个体的荣誉感，更是国家安全围墙的刻度。从这个意义上看，退役军人待遇制度可以说是引领崇军尚武价值的"风向标"。

---

[1] 蒋德红，蒋旭亮.尊重军人荣誉：全社会共同的责任[N].中国国防报，2013-01-24（4）.

[2] 若米尼.战争的艺术[M].盛峰峻，译.武汉：武汉大学出版社，2013：33.

三、退役军人待遇制度的内在矛盾

矛盾是一切运动和生命力的根源。"哲学上的矛盾是指事物内部要素之间的一种结构关系,这种结构关系处在相互规定、相互建构、自身反思、自我扬弃、彼此映现、双向互动的矛盾过程中,因而构成事物本质生成及其变化发展的本源和根据。"[①] 分析退役军人待遇制度的内在矛盾,是为了在其内在的对立统一关系中把握其本质,进而洞悉其发展趋向。这是科学制定现阶段退役军人待遇保障政策的前提基础。这里所用"矛盾"的概念并非形式逻辑上 A 与非 A,而是辩证法中的对立统一。列宁曾言"就本来的意义讲,辩证法是研究对象的本质自身中的矛盾。"从唯物辩证法的角度看,任何一事物的内在矛盾都是多样多维的,它必然包含着多方面的对立统一。这里重点分析供给与需求的矛盾、公平与效率的矛盾和保障能力与保障关系之间的矛盾这三对关系。

(一)待遇供给与待遇需求的矛盾

供给与需求的矛盾源自退役军人待遇制度的准公共产品属性和权利义务一致性。其实质是经济基础内部的矛盾,反映了需要与可能的内在联系。具体可以从以下两对矛盾来理解。

第一,存在需求无限性与供给有限性的矛盾。这是供给与需求的性质决定的,表现为数量上的不平衡。需要是人的本质属性。人的需求推动着社会生产力的发展。如果不受客观条件约束,则人的需求是无限的。但退役军人待遇供给总是有限的,这不仅是因为受到一定生产力条件下的客观约束,更是由于国家保障退役军人待遇的经费来自

[①] 左亚文,刘争明.论逻辑矛盾与辩证矛盾及其辩证关系—矛盾辩证法再探之一 [J].马克思主义理论学科研究,2019(5):44.

国民财政收入的再分配。按照政治经济学的观点,为了维持社会再生产,必须要首先保证在社会总产品中扣除补偿生产中的生产资料物质消耗及补偿劳动者的劳动力消耗,之后的剩余产品才能用于其他分配。因此,用于退役军人待遇的供给一定是有限的。退役军人需求无限性与供给有限性的矛盾存在于待遇保障始终。

第二,存在个性化需求与同质化供给的矛盾,这是一定时期内的供给能力决定的,表现为质量上的不匹配。退役军人具有共性的养老、医疗、住房、荣誉等需求,但是由于年龄、学历、性别、生活背景等差异,退役军人之间也存在需求差异,同一退役军人在不同时期的差异也不尽相同。但受供给能力制约,待遇供给很难达到退役军人个性化需求的要求。因此面临个性化需求与同质化供给的矛盾,呈现出供需结构差异。这一对矛盾是动态变化的,且能够随着社会生产力的发展而逐步缩小。

需求与供给的矛盾存在于退役军人待遇制度发展的始终,认识这对矛盾的方法论意义有两点:一是供需矛盾在数量上呈现出的不平衡存在于待遇保障始终,因此,在既有供给能力前提下,要识别区分和尽力保障退役军人的合理需求。在现代社会,这一合理需求通常表现为法定权利。二是供需矛盾在结构上呈现出的不匹配是可以随着待遇保障能力提高而逐步缓解的。因此,要充分利用大数据、网络信息等科学技术手段,准确掌握退役军人需求,提高供给效率。同时应高度注意,由于待遇保障具有易升不易降的刚性特征和人们普遍具有的损失厌恶心理,因此,待遇供给既要尽力而为,又要量力而行,防止出现"养懒汉"等福利病。

(二)保障公平与追求效率的矛盾

公平与效率的矛盾源自退役军人待遇制度的政治属性和社会属性,其实质是上层建筑内部的矛盾,反映了目的与结果的内在联系。具体可以从以下两点阐述:

首先，退役军人待遇制度各子要素之间存在公平与效率的矛盾。在一定待遇总投入的情况下，保障重点在不同子要素项目（如就业或救助）、不同类型的退役军人（如离退休退役军人或年轻退伍战士）之间产生的制度保障效率都是有差别的。这就涉及到制度目标在公平与效率之间的权衡。举例而言，如果为了保障公平，在救助项目上而非就业项目上投入了过多的财力精力，所达成的结果很可能是低效率的，因为没有充分发挥这部分退役军人的劳动积极性，而单纯的经济救助容易带来依赖心理造成"养懒汉"现象，进一步有损公平。

其次，国家保障退役军人待遇在不同社会群体之间存在公平与效率的矛盾。为了弥补军事劳动特殊性带来的机会不平等，国家需要保障退役军人，但如果保障"过度"，损害了其他社会群体的利益，又会引发新的不公平，也会引起现役军人群体的"逆向流动"，与初衷背道而驰。

公平与效率的矛盾也贯穿退役军人待遇制度发展的始终，认识这对矛盾的方法论意义在于指导我们掌握和判断待遇供给的合理区间。从公平与效率统一论出发，判断待遇供给是否适度，主要有两个明确的信号：第一，退役军人的生存发展与荣誉激励需求是否得到确实有效的保障，如果没有达到这一要求，则必须加强退役军人待遇制度建设，完善保障项目内容，提高保障质量与效率；第二，待遇保障制度是否影响到了其他社会群体参与劳动的积极性以及公平感和获得感。在现代社会，各个社会群体利益增进上应相向而行，互惠互利。如果退役军人待遇制度不能发挥促进社会融合与稳定的职能，反而带来其他社会成员的不公平感，或者给国家财政带来了沉重负担，则说明供给过度了，损害了社会效率。

（三）保障能力与保障关系的对立统一

保障能力与保障关系的矛盾源自退役军人待遇制度的准公共产品属性和政治属性，其实质是经济基础与上层建筑的矛盾在退役军人待遇制度变迁上的集中体现。

"制度是社会关系的外化,包括三方面两层次的内容。马克思从产生于社会生产力的社会生产关系方面论述了第一方面基础及决定意义上的制度——经济制度;又从社会生产关系的稳定和固化方面论述了第二方面广泛意义上的制度——社会制度形态;再从社会生产关系内部的矛盾冲突方面论述了第三方面普遍意义上的具体制度及制度性规定(图1-2)。"[1] 退役军人待遇制度就是处于具体化规定层面的具体制度及制度性规定的一部分。这是对退役军人制度在经济社会制度中的定位。可见,退役军人待遇制度是生产关系亦即经济基础的一部分。那么其内在矛盾就是生产关系的内部矛盾。由于退役军人待遇制度存在政治属性,因此它同时也是上层建筑的一部分。

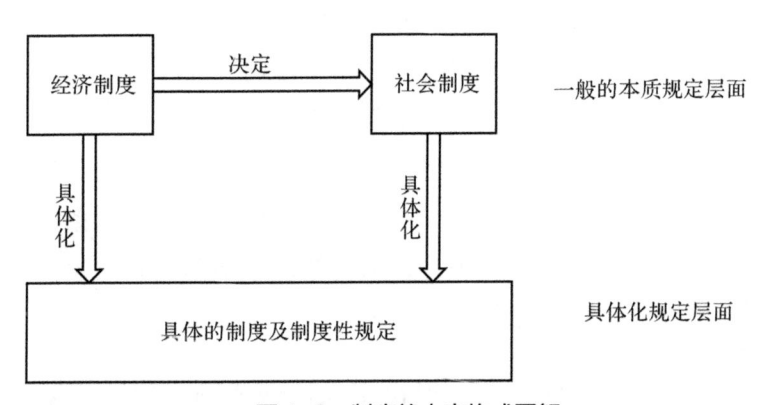

▶ 图1-2 制度的内容构成图解

制度保障能力是指在与待遇保障需求相配套的供给要素(即待遇制度子项目),制度保障关系则集中体现在与制度运行相配套的体制、法制等因素。保障能力与保障关系是相互依存、互相作用的对立统一体。既不存在脱离一定保障环境要素而存在的保障能力,也不存在离开一定保障能力的体制法制。他们的辩证关系即方法论意义具体体现在以下两点:首先,制度保障能力决定制度保障关系。有什么样的保

---

[1] 张小瑛,张俊山.论制度"三方面两层次"的内容构成及其与经济发展的关系[J].当代经济研究,2016(4):58-59.

障能力，就需要有什么样的体制法制与之相适应。其次，制度保障关系又对制度保障能力具有能动的反作用。当它与制度保障能力发展水平相适应时，就会促进保障能力的发挥；当它与保障能力不相适应时，就会限制和阻碍保障能力的发挥。在退役军人待遇保障历史上，存在着强制性变迁与诱致性变迁的相机抉择，正是这一辩证关系的集中体现。因此，有了一定的保障能力，就要建立和完善与之相适应的体制、法制，以理顺待遇保障关系，促进保障效能发挥。

四、改革创新退役军人待遇制度的理论支撑

理论是实践的眼睛，它既来源于实践，又通过理论研究进一步推动实践发展。退役军人待遇制度并非空中楼阁，在理论上应属于经济学、社会学、政治学、法学等多学科的交叉地带，其实有多方面的理论基底，只不过在实践中人们的认识比较模糊，这种模糊不但让工作变得被动，还阻碍了认识的进一步加深。本部分选取了几条对本研究对象最具方法论意义的经典理论，通过梳理总结和吸收借鉴，以期为退役军人待遇制度创新提供理论支撑。

（一）公共产品理论——退役军人待遇体制优化的依据

公共产品理论也称公共需要理论、公共服务理论，是公共经济学、政治经济学和财政学的基础理论。早在18世纪初，霍布斯、大卫·休谟和亚当·斯密等人在论述政府与国家职能时就都提出过公共产品的思想。1954年美国经济学家保罗·萨缪尔森在《公共支出的纯理论》一文中界定了公共产品的概念，并运用序数效用理论、无差异曲线方法及帕累托效率等研究了纯公共产品的最优供给条件。之后，经济学家查尔斯·蒂布特研究了地方公共产品，布坎南提出了"俱乐部产品"的概念，格里高利·曼昆提出了"共有资源""自然垄断产品"的概念，这些研究细化了公共产品概念、探索了政府与市场供给的边界及供应

方式，进一步深化了公共产品理论。

上文已经运用公共产品概念和特征分析了退役军人待遇制度所具有的准公共产品性质，从理论上深化了对待遇制度的认识。这一理论更重要的方法论意义在于它是政府和市场职能划分的依据，也为政府间公共服务职责划分提供了参考，因此，应基于公共产品理论来优化退役军人待遇体制。首先，退役军人待遇保障应由政府、市场和社会多元共同治理。在准公共品的供给上，政府和市场作为资源配置主体各有优势和劣势。待遇制度的内在属性决定了政府应成为资源配置的主体和主导。政府虽然具有规模和成本优势，但供给能力有限，难以避免效率低下和权力寻租行为。美国经济学家 E·S·萨瓦斯按准公共品的相关利益主体（消费者、生产者、提供者）将制度安排细分为十种具体形式，为退役军人待遇制度引入市场和第三方供给及其具体操作形式提供了依据。举例而言，对优抚对象进行保障，既可以由政府直接发放优待金、抚恤金，也可以采用政府购买服务的形式，由市场专业机构为优抚对象提供体检、疗养、陪护等服务，还可以由政府直接外包给第三方组织，由第三方组织打包提供服务。多元主体共同治理能有效提升待遇制度供给效率和服务保障质量，实现退役军人保障机构和退役军人的"双赢"。其次，可根据公共产品的性质来划分中央政府与地方政府的事权。对于优待金、抚恤金、退役养老保险这样公共产品纯度更高、更关乎社会公正的全国性公共产品，应由中央政府承担；对于医疗保障、优待服务等地域性更强的准公共品应赋予地方政府更多的事权。当地方政府由于财力所限，难以提供全国基准水平的公共服务时，应由中央政府采取转移支付进行支持。本书以公共产品理论为依据，优化退役军人待遇管理体制，将在第五章具体展开分析。

（二）社会保障理论——退役军人待遇体系建构的依据

社会保障是经济学、社会学、政治学、法学、管理学、心理学的交叉学科，其理论基石既有福利经济学、社会福利学等与社会保障相结合的领域，特别是社会发展理论、社会保障结构理论、后备基金理论等，还包括社会保障学的专业应用理论问题，这一层次探究的是社会保障各个子系统乃至各个具体保障项目的产生、发展及运行规律，它客观上表现为政策研究。西方社会学者通常将社会保障视为社会政策的核心组成部分，因而也提出了许多社会政策模型，如残补型和政策型、费边社会主义型、凯恩斯与贝弗里奇福利国家型等。

各国社会保障实践呈现出差异化的模式与特点。民主社会主义理论支持的社会保障模式是福利国家模式，如英国、瑞典。受新自由主义影响的国家普遍采用社会保险型的社会保障模式，如美国、德国。正是在不同社会保障理论流派的指导下，各国选择了不同的社会保障发展道路，直接影响了退役军人管理保障模式。从我国实践来看，在计划经济向市场经济转轨的过程中，社会保障制度逐步由"国家—单位保障制"过渡到"国家—社会保障制"。1986年通过的《国民经济和社会发展第七个五年计划》中明确规定我国社会保障制度包括"社会保险、社会救助、社会福利、社会优抚"四个子项目，当时国家对军人军属的优待保障是作为社会保障的一个子项目来建设的。在社会主要矛盾已经转化、人均GDP已经突破1万美元、全国各族人民为实现中华民族伟大复兴凝心聚力的当下，国家对军人、退役军人的优待保障应从社会保障的子项目中独立出来。但退役军人与其他国民一样具有生存需求、发展需求、精神抚慰需求，因此，退役军人待遇制度安排应在国家社会保障制度安排下统筹考虑。以我国社会保障制度的子项目设置为参考，结合退役军人特殊需要，本书将退役军人待遇制度体系结构分为抚恤救助、社会保险、就业培训和荣誉激励四个子项目，将在第六章具体展开分析。

（三）阿马蒂亚·森的可行能力理论——退役军人待遇水平确立的依据

阿玛蒂亚·森以其在福利经济学上的卓越贡献于1998年获得诺贝尔经济学奖，是现代福利经济学家的杰出代表。福利经济学是西方经济学的分支，是在一定价值判断的基础上研究福利度量、收入分配、公共政策等问题。最早的福利思想可追溯到亚里士多德，自边际分析方法引入效用研究后，福利经济学家先后提出了帕累托标准、卡尔多标准、希克斯标准、西托夫斯标准、伯格森—萨缪尔森社会福利函数、纳什社会福利函数等。但由于福利的复杂性，使得传统福利经济学的前提假设过于严苛，难以与实践接轨。自阿罗不可能定理提出后，福利经济学陷入无用论。阿玛蒂亚·森在对传统福利分析方法进行批判与反思的基础上，提出了可行能力理论，用权利分析方法和可行能力视角考察贫困、自由及公共政策等，提出了"森不平等指数""森贫困指数"，拓宽了福利经济学的研究方法。

阿玛蒂亚·森认为，可行能力是指个体有可能实现的、各种功能性活动组合的实质自由，国家和社会在加强和保障人们的可行能力方面具有广泛重要的作用。可行能力理论把每一个人当作目的，以构成实质自由的功能性活动作为福利的评价标准，所关注的不仅仅是总体或平均的福利，而是每一个人可以得到的机会。扩大了识别权利受损的信息基础，也从正义层面上拓宽了福利评价关注的范围。阿玛蒂亚·森"以自由看待发展"的观点与马克思"关于人的自由解放"的思想具有异曲同工之妙，对退役军人待遇制度建设具有重要的参考作用。上面分析了公平与效率的矛盾，指出这对矛盾是退役军人待遇制度的内在矛盾之一，其方法论意义在于掌握和判断待遇供给的合理区间。而对待遇水平定位的具体分析方法，本书运用阿玛蒂亚·森的可行能力理论与模糊层次分析法，分析了退役军人待遇水平的影响因素，将在第七章具体展开论述。

（四）特别权力关系理论——退役军人待遇法治完善的依据

特别权力关系理论起源于19世纪的德国，而后在日本和我国台湾地区有所发展。"特别权力关系又称特别支配关系，是指基于特别的法律原因，为实现公法上的特定目的，行政主体（包括行政授权主体）在必要的范围内对相对人具有概括（或不确定）支配的权利，而相对人负有服从义务的行政法律关系。"[1] 依履行义务的强弱，通常包括：受刑人关系、军人关系、公务员关系、学生与学校的关系、特许企业之间的关系等。由于特别权力关系理论过于重视权力主体一方的权力，反对相对人的法律救济权，因此随着人权和民主法治理念的发展，特别权力关系理论日渐式微。但是就军人与国家的关系而言，仍受特别权力关系制约。上文已经分析过，由于在服役时受到"特别权力关系"的制约，使军人的基本权利受到限制，这种限制造成的权利损害和实际后果会延续到退役后，因此应给予补偿，这是退役军人待遇制度的内在属性之一。

特别权力关系理论对退役军人待遇制度的指导意义不仅体现在它从法学理论上阐释了待遇制度的内在属性，更重要的一点是，对特别权力关系理论的批评也为完善退役军人权利救济提供了依据。由于特别权力关系具有"所生争议不适用行政与司法救济"这一显著特点，再加上我国长期有"内部行政关系"的传统，使得很多权利受损的退役军人往往采用信访等方式寻求救济。从理论上看，信访只是行政救济手段之一，司法救济才是公民权利救济最为主要的形式。过去很长一段时间，涉及退役军人权益的法律保障并不完善，法规内容分散且大多是原则性表述，可操作性不强，各地方政府既"无法可依"又人力财力有限，退役军人权利救济难以实现，矛盾层层向上转移，严重损害了彼此间的信任，也在一定程度上影响了社会对退役军人形象的认知。随着民主法治的发展，近年来，在承认特别权力关系理论的国家也开始允许就特别权力关系发生的部分纠纷通过行政争议诉讼的救济途径加以解决。对于我国退役军人制度建设，也应健全法律援助机制，加强退役军人普法教育，强化行政复议机构化解纠纷的能力。本书以特别权力关系理论为依据，完善退役军人待遇法治，将在第八章具体展开分析。

---

[1] 杨临宏.特别权力关系理论研究.法学论坛[J], 2001 (7)：58.

第二章

历史演进：
基于中美退役军人待遇制度比较分析

习近平总书记特别强调，"要在马克思主义指导下真正做到古为今用、洋为中用、辩证取舍、推陈出新，实现传统与现代的有机衔接。"[①] 以历史唯物主义方法论为指导，本章首先考察了我国和美国退役军人待遇制度的历史沿革，然后从保障内容与项目、保障对象与主体等方面分析了每一阶段管理保障实践变迁的特点，在此基础上，总结了退役军人待遇制度演进的历史规律，以期通过探索制度演进规律，把握发展趋势，为创新我国退役军人待遇制度提供理论支持。

一、我国退役军人待遇制度的历史考察

自1927年建军以来，我党我军不断探索对军人军属进行抚恤救助、优待褒扬和再就业安置的内容、形式、方法，不断完善退役军人待遇制度体系，努力保障军人军属物质生活和精神慰藉需要，为取得革命胜利、巩固国家政权、维护社会稳定、建设社会主义发挥了重要作用。以影响较大的几次政策调整和待遇保障形态的变化为界，大致可将我国退役军人待遇制度的历史沿革分为四个阶段。

---

① 习近平.习近平在文化传承发展座谈会上的讲话[J].求是，2023（08）.

（一）退役军人待遇制度的孕育萌芽阶段（1927年8月—1949年10月）

南昌起义后至新中国成立前，是退役军人待遇制度的孕育萌芽阶段。这一时期，党的政权在不稳定的社会环境中寻求生存和发展，人民军队一直处于作战状态，根据地物质基础薄弱。尽管面临诸多困难，但对军人军属的抚恤、优待、安置等待遇保障仍然拉开了序幕。

土地革命时期，各根据地即开始探索本地区的抚恤优待措施。1929年，鄂西苏区政府出台了《优待红军家属及抚恤伤亡条例》，这是党的历史上最早出现的关于红军战士抚恤的规定。苏维埃临时中央政府成立后，于1932年颁布了全国各根据地统一执行的《红军抚恤条例》，包括对伤亡将士发放死亡人员抚恤金和终身伤残抚恤金。在优待褒扬方面，土地革命时期对红军战士及家属的优待政策包括土地分配、代耕、税收优惠和确定红军家属优待日等。在退役安置方面，苏维埃政府规定"对于服役满5年且年龄在45岁以上的，可退职休养，由国家补助其终身生活，如本人不愿退伍而继续服役的，则给予特别优待"①。由于战事紧张和长征转移等客观情况，这条规定流于形式。

抗日战争时期，各根据地政府依据《抗日救国十大纲领》中提出的"改良抗日军人待遇"的政治主张，纷纷出台了细化的措施办法，如陕甘宁边区以中央内务部的名义规定了四种残废等级和相应的抚恤标准，以及抚恤的基本程序和方法。还出台了《抗日军人优待条例》《优待抗属代耕工作细则》《优待抗属购物办法》等配套措施，个别根据地还提出了分类优待的理念。在退役安置方面，陕甘宁边区于1942年初颁布了《抗日军人退伍及安置暂行办法》，是我党历史上较早的一份关于退役的专门政策性文件，详细规定了退役条件、批准机关、

---

① 罗平飞.建国前中国共产党军人抚恤优待及退役安置政策研究[J].中共党史研究，2005（11）：153.

办理机关和安置办法。

解放战争时期，除延续抗日战争时期的抚恤政策外，开始大量兴办荣军教养院和荣誉军人学校，为提高伤残军人的政治觉悟、工作能力和生产技能打下了良好基础。这一时期的优待措施扩大到子女入学、疾病治疗等多个方面。解放战争爆发前夕，陕甘宁边区、晋绥边区等地计划开展退役安置工作，各部队和各级政府设立了复员委员会，拟定了复员计划，制定了拨付公地耕种、免除三年农业税和商业税等办法。后因国民党撕毁和平协定、解放战争全面爆发的形势使得人民军队大力扩张，导致退役安置工作基本没有开展。

总体而言，军人军属的抚恤、优待和退役安置工作伴随着人民军队发展壮大逐步建立，出现了退役军人待遇保障的雏形，虽然未能形成全国统一的制度安排，但是，这些措施办法对解除战士后顾之忧、鼓舞军心士气、扩大执政基础起到了不可磨灭的作用。1933年，毛泽东在江西调查时就曾指出，"扩红工作之所以搞得好，主要原因是优待红军家属、慰问红军工作历来不错。"[①] 同时，这些在实践中确立的工作内容和实施办法，也为建国后退役军人待遇保障制度的建立积累了经验、奠定了基础。

（二）退役军人待遇制度的曲折渐进阶段（1949年10月—1978年12月）

新中国成立后至中共十一届三中全会召开，是退役军人待遇保障制度的曲折渐进阶段。这一时期，国家由社会主义革命转入社会主义建设，军队由作战状态逐步转入现代化、正规化建设阶段，退役军人及军属的抚恤、优待和安置工作有序展开，但"文革"期间，各项工作受到影响，陷入停滞和倒退状态，至"文革"结束开始逐步恢复（表2-1）。

---

① 毛泽东文集（第1卷）[M].北京：人民出版社，1993：329-330.

表 2-1　我国退役军人待遇制度曲折渐进阶段标志性事件及历史地位一览表

序号	时间	重要事件/重要文献	主要内容/历史地位
1	1949年10月	通过了《中国人民政治协商会议共同纲领》，并决议设置内务部，下设优抚司	起临时宪法作用的《共同纲领》明确规定优待军人军属与落实退役安置政策。
2	1950年12月	颁布了《革命烈士家属、革命军人家属优待暂行条例》《革命残废军人优待抚恤暂行条例》	规定了抚恤优待对象、条件、标准等内容，确立了建国初期的优待抚恤制度
3	1950年6月	通过《中国人民解放军复员工作大纲》等文件；成立中央复员委员会领导全国复员工作	国家第一次按计划大规模组织退役安置工作；正式区别了"复员"与"转业"，奠定了军官退役安置工作的基础
4	1954年9月	《中华人民共和国宪法》	首次以根本大法的形式明确规定了国家保障残疾军人生活、优待革命军人家属
5	1955年2月	《中国人民解放军军官服役条例》	明确了退役安置工作的原则、分配办法、安置机构
6	1966年7月	《关于做好军队复员干部安置工作的通知》	受"文革"冲击，这一时期干部退出现役主要做复员处理
7	1975年8月	《军队干部退出现役暂行办法》	明确规定军队干部退出现役分为"转业、复员和退休"三种形式并确定了相应政策
8	1978年3月	第五届全国人大一次会议通过《中华人民共和国宪法》；决议设立民政部（内设优抚局）	《宪法》第50条对残废军人、烈士家属等的生活保障问题做出了原则性规定

资料来源：根据法规文件及历史文献整理。

建国后一直到十二届三中全会通过《中共中央关于经济体制改革的决定》之前，退役军人待遇制度是在计划经济体制下的"国家—单位保障制"这一社会背景下发展的。在当时的政治社会体制、经济发展水平、文化价值导向等因素的共同作用下,退役军人待遇制度呈现出明显的阶段性特征。

（1）从保障内容看,抚恤、优待、褒扬、退役安置制度开始建立并逐步规范,退役军人待遇制度体系初步成型。

在抚恤救助方面,1950年内务部颁布了5项优抚条例,制定了军人牺牲、伤残、病故抚恤标准和评残程序,并三次调整标准。"文革"期间一直沿用1955年的抚恤标准。1977年,财政部对在乡革命残废人员的抚恤标准做了新的规定,国家抚恤工作开始重新走向正轨。在优待褒扬方面,建国伊始,国家上下即兴起了优待军属、褒扬英烈的活动。抗美援朝战争爆发后,更是在全国范围内发起了拥军优属运动。"文革"期间,许多革命先烈被诬陷为"叛徒",一些烈士纪念建筑和珍贵遗物遭到破坏,但是节日拥军优属活动还是被保留了下来。在退役安置方面,1950年开始,国家第一次有计划、大规模的组织退役安置工作。1955年国家颁布了《中国人民解放军军官服役条例》和《关于中国人民解放军退出现役干部就业的指示》,明确了退役安置工作的原则、分配办法、安置机构,规定对转业干部进行必要的培训教育。"文革"期间,军队干部退出现役改为主要作复员安置。1975年发布的《军队干部退出现役暂行办法》,明确规定军队干部退出现役分为"转业、复员和退休"三种形式,并确定了相应政策,军官退役安置工作开始逐步恢复。

（2）从保障形式看,以"实物供给+精神慰问"为主。

建国初期,国家财政比较困难,对残疾军人发放抚恤金,对革命烈属等优待对象采用定期定量补助的办法（主要形式是发放抚恤粮）。社会优待在农村延续了建国前根据地实行的"代耕"政策,在城市则以社会各界积极帮助烈军属和残疾军人就业为主要形式。此外,还专门规定要"尊重并提高烈、军属社会地位,予以精神安慰,如贺功贺喜、挂光荣匾、节日慰问等。"①农业合作化运动开始后，代耕制度逐渐被优待劳动日取代。至十一届三中全会后，优待金又逐步取代了优待劳动日制度。

（3）从保障主体看，以"社会（单位）保障为主"。

在计划经济体制下，社会成员被长期固定在某个单位并享受该单位提供的各项保障待遇，个人与单位之间构成紧密的人身依附关系，国家经济基础薄弱，实施统收统支的财政制度也导致中央财政经费紧张，因此，虽然国家制定了优抚政策，但真正实施保障的主体在城市是各单位、在农村是社（队）。农村实行联产承包责任制之后，代耕制度逐步退出历史舞台。

尽管这一时期，国家经济形势比较困难，政治生态受到"文革"冲击，抚恤标准不高，优待工作在抗美援朝战争结束后有所回落，军人退役后的安置以单位保障为主，级别和福利待遇较部队有所降低，但总体而言，抚恤、优待、褒扬工作在全国形成了良好的拥军优属氛围，退役工作有序开展，对巩固国家政权、开展社会主义革命建设、赢得抗美援朝战争胜利、维护国家改革发展稳定大局作出了积极贡献，退役军人待遇制度体系初具形态。但同时，抚恤优待标准增幅落后于国民经济发展水平，退役军人安置身份不同享受待遇的政策不同，为后续引发部分优待抚恤对象和个别退役军人的不满情绪埋下了伏笔。

（三）退役军人待遇制度的探索蓄力阶段（1978年12月—2012年11月）

十一届三中全会之后，我国进入改革开放和社会主义现代化建设新时期。国家中心工作转移到社会主义现代化建设上，邓小平提出军队建设要服从和服务于国家经济建设大局的方针，在1985年进行了

---

① 革命烈士家属、革命军人家属优待暂行条例.民政工作文件汇编[G].北京：地质出版社，1984：208.

百万大裁军。这一时期，抚恤、优待、褒扬和退役安置工作伴随国家经济社会改革深化不断探索新的保障方式，为全面构建退役军人待遇制度体系积蓄了力量。这一阶段的重要历史事件及历史地位见表2-2。

表2-2 我国退役军人待遇制度探索蓄力阶段标志性事件及历史地位一览表

序号	时间	重要事件／重要文献	主要内容／历史地位
1	1980年6月	颁布了《革命烈士褒扬条例》	将褒扬工作与抚恤工作分开，强调烈士褒扬工作的重要性
2	1984年5月	第六届全国人民代表大会第二次会议通过《中华人民共和国兵役法》	明确规定"现役军人，革命残废军人，退出现役军人，革命烈士家属，牺牲、病故军人家属，现役军人家属，应当受到社会的尊重，受到国家和人民的优待"
3	1988年7月	《军人抚恤优待条例》	统领了符合新时期特点的优待抚恤政策
4	1995年7月	《革命烈士纪念建筑物管理保护办法》	对烈士纪念建筑物开始实行分级管理
5	1997年3月	《中华人民共和国国防法》	明确规定"国家妥善安置退出现役的军人，为转业军人提供必要的职业培训，保障离退休军人的生活福利待遇"
6	1998年8月	《军人保险制度实施方案》	开始实行伤亡保险制度和退役医疗保险制度
7	2001年1月	《军队转业干部安置暂行办法》	开始实行计划分配与自主择业相结合的安置方式，标志着我国退役军官安置工作朝着符合军官职业化要求的方向迈出重要一步
8	2002年2月	《中华人民共和国现役军官法》	首次将退役军官安置采取"由政府安排工作和职务"和"由政府协助就业、发给退役金"相结合的安置方式以法律的形式明确下来

续表

序号	时间	重要事件/重要文献	主要内容/历史地位
9	2011年8月	《烈士褒扬条例》	把因维护国家安全参与非战争军事行动牺牲的军人也纳入烈士评定范围，同时设立了烈士褒扬金制度
10	2012年7月	《军人保险法》	第一次以法律的形式将军人保险制度加以规定和完善。

资料来源：根据法规文件及历史文献整理。

这一时期，国家由计划经济向市场经济转轨，经济体制变革带来的分税制改革、社会保障制度改革等一系列政策制度调整深刻地影响了退役军人待遇制度建设，其时代烙印主要体现在以下几个方面。

（1）从保障理念看，由"解困救助"逐步向"基本保障"转变。

我国退役军人待遇保障起源于优抚制度，保障对象有限，保障水平不高，保障理念仍以"解困救助"为主。1979年，《关于改进优抚对象定期定量补助工作的规定》明确"农村每人每月六至十元；小城市和城镇每人每月十至十五元；大、中城市每人每月十五至二十元。"① 当年上海市人均月工资约为四十元。对比可见，优抚对象的保障标准并不高。在由计划经济向市场经济转轨的过程中，社会保障制度作为市场经济运行的维系机制开始发挥重要作用。社会保障制度的建制理念也经历了由扶困济贫向普遍保障社会成员基本生活需求的转变。至1998年，中央政府成立了劳动和社会保障部，统一了社会保险管理体制，社会保障制度开始作为一项基本制度来建设。军人保险制度同步开始探索建立，1998年探索建立了伤亡保险；1999年探索建立了退役医疗保险；2002年对转业到企业工作的军官、文职干部养老保险建立一次性补贴制度；2014年国务院、中央军委批准改革完善军

---

① 尹传政.当代中国的优抚制度[D].北京：中央党校，2013：15.

人退役养老保险制度，实行退役军人养老保险补助和军人职业年金补助相结合的办法。军人保险体系的建立标志着退役军人待遇制度的保障理念由保障特定群体的生存性需要转向保障一般群体的养老、医疗、就业等权利性需要。

（2）从保障对象看，由保障"残疾军人、革命烈士家属"等特定人群逐步扩大到所有"退役军人及家属"。

建国伊始，起临时宪法作用的《共同纲领》明确保障的是生活困难的革命烈士家属和革命军人家属。1954年《中华人民共和国宪法》规定"国家保障残疾军人生活、优抚革命烈士家属、优待革命军人家属。"1984年《中华人民共和国兵役法》开始明确"现役军人，革命残废军人，退出现役军人，革命烈士家属，牺牲、病故军人家属，现役军人家属，应当受到社会的尊重，受到国家和人民的优待。"保障对象的范围有所扩大，但彼时的政策尚未涉及退役军人家属。2001年，出台自主择业政策，明确规定"确保他们（自主择业的军队转业干部）⋯随调随迁家属安置与子女入学等问题的解决。"[①]同时还规定"自主择业军队转业干部去世后……遗属生活确有困难的，由安置地政府按照国家和当地的有关规定发给生活困难补助金。"由此可见，从政策层面，待遇保障对象已扩大到退役军人家属群体。

（3）从保障方式看，由"城乡分割、单位分割"逐步向"社会一体化"转变。

计划经济时期，"国家—单位保障制"的显著特点是国家、城镇单位、农村集体三大保障制度封闭运行、板块分割、各负其责。由"国家—单位保障制"向"国家—社会保障制"转型有路径依赖的制约，也有现实政治、社会、文化等多重因素影响，非常复杂艰难。军人服役时有干部、军士、义务兵身份之别，退役后又分别进入机关事业单位、企业、自谋职业或回农村，每一套系统都有不同的保障模式，军

---

① 印发《关于自主择业的军队转业干部安置管理若干问题的意见》的通知，2001 国转联 8 号。

人待遇保障方式呈现出"城乡分割、单位分割"的特点，加之我国东西部经济发展水平的不均衡，待遇保障差距更加明显。为缓解政府指令性安置与市场经济体制下机关事业单位的减员改革以及企业用工自主权不相适应的矛盾，2001年颁布了《军队转业干部安置暂行办法》，首次提出了计划分配与自主择业相结合的安置方式，建立了自主择业退役金制度。事实上，这一重要的制度创新不仅缓解了安置难的局面，也在一定程度上破解了城乡分割、单位分割的窘境，标志着退役军人待遇开始向社会一体化转变。

这一时期是退役军人待遇保障制度改革深化的关键时期，为符合市场经济要求和满足军人军属待遇保障需要，进行了保险制度、安置制度等众多制度创新。各项法规政策的出台，特别是2012年第十一届全国人大常委会第二十六次会议审议通过的《中华人民共和国军人保险法》，标志着退役军人待遇保障从社会保障制度的子项目中独立出来，全面进入法制化发展轨道。但是，受制于国家各省市经济社会发展不平衡、城市农村发展不平衡的状况，军人退役后待遇差别化问题进一步凸显。长期处于和平年代，民众国防意识有所淡化，优待、抚恤、褒扬工作发展缓慢。

（四）退役军人待遇制度的创新发展阶段（2012年11月以来）

进入新时代以来，人民生活水平不断提高，国家社会保障制度不断完善，为退役军人待遇制度建设提供了良好的外部环境（表2-3）。国防和军队改革持续深入推进，退役军人待遇保障问题能否妥善解决，直接关系到改革强军战略目标。习主席站在党和国家事业全局的战略高度，满怀深情地指出，"必须做好退役军人管理保障工作。该保障的要保障好，该落实的政策必须落实，不能让英雄流血又流泪。"在这样的背景下，为破除原有体制性障碍带来的保障效率不高问题，2018年3月第十三届全国人民代表大会第一次会议表决通过了国务院机构改革方案,批准设立中华人民共和国退役军人事务部。事务部的成立标志着我国退役军人待遇保障体系进入崭新的发展阶段。

表 2-3 我国退役军人待遇制度创新发展阶段标志性事件及历史地位一览表

序号	时间	重要事件/重要文献	主要内容/历史地位
1	2013年4月	《烈士安葬办法》(2022年11月30日修订)	填补烈士安葬政策空白,为烈士安葬工作规范化、制度化奠定了基础
2	2014年9月	《军队离退休干部服务管理办法》(2021年12月1日修订)	为做好离退休干部服务保障和教育管理,落实军休干部政治待遇和生活待遇制定的办法
3	2018年4月	成立退役军人事务部	我国历史上第一次有了专门管理保障退役军人的行政机构
4	2018年5月	《中华人民共和国英雄烈士保护法》	我国第一部保护英雄烈士、传承弘扬英烈精神和爱国主义精神的法律
5	2018年7月	《关于进一步加强由政府安排工作退役士兵就业安置工作的意见》	对新时期士兵就业安置提出了具体意见
6	2018年7月	《为烈属、军属和退役军人等家庭悬挂光荣牌工作实施办法》	弘扬拥军优属传统,推进新时代军人荣誉体系建设,营造全社会尊崇军人职业浓厚氛围的重要举措
7	2018年8月	《关于促进新时代退役军人就业创业工作的意见》	首次提出保障退役军人在享受普惠性就业创业扶持政策和公共服务基础上再给予优待
8	2019年2月	《关于进一步扶持自主就业退役士兵创业就业有关税收政策的通知》	明确了自主就业士兵创业就业有关税收政策
9	2019年2月	成立国家退役军人服务中心	退役军人服务保障体系建设有了实体机构

续表

序号	时间	重要事件/重要文献	主要内容/历史地位
10	2019年4月	《关于解决部分退役士兵社会保险问题的意见》	对退役士兵基本养老保险、基本医疗保险的续接补缴政策进行了明确
11	2019年7月	《关于加强新时代退役军人工作的意见》	党中央对新时代加强退役军人工作作出的明确指示
12	2019年10月	《关于加强困难退役军人帮扶援助工作的意见》	对帮扶困难退役军人的标准、方式、程序进行了明确
13	2020年1月	《关于加强军人军属、退役军人和其他优抚对象优待工作的意见》	搭建了优待框架,初步确立了优待目录清单
14	2020年11月	《退役军人保障法》	我国退役军人事务领域第一部专门法律,明确了退役军人保障的基本原则,对退役军人移交接受、安置、教育培训、就业创业、优待褒扬等进行了规范,标志着退役军人保障工作进入了法治化的新阶段
15	2022年6月	《关于用好烈士褒扬红色资源加强青少年爱国主义教育的意见》	明确积极发挥烈士纪念设施红色阵地教育作用,引导广大青少年自觉缅怀、纪念、尊崇、学习英雄烈士,加强对烈士子女的关怀关爱
16	2022年6月	《逐月领取退役金退役军人服务管理规定》	规范逐月领取退役金退役军人服务管理工作的实施主体、具体内容、管理方式,为保障措施落实提供政策依据
17	2022年8月	《优抚医院管理办法》	进一步拓展了优抚医院的职能,明确了相关部门职责,完善了服务方式

续表

序号	时间	重要事件/重要文献	主要内容/历史地位
18	2024年9月	《军人安置条例》	适应国防和军队建设新形势新要求，明确抚恤优待对象范围、抚恤优待内容、抚恤金发放程序等

资料来源：根据法规文件及历史文献整理。

这一时期，国家经济水平快速提升，人民生活不断改善，社会主要矛盾已经转化为人民日益增长的美好生活需要和不平衡不充分的发展之间的矛盾。退役军人待遇制度建设在深化国防和军队改革以及国家民生保障制度提质增效的背景下呈现出新的特点，主要体现在以下几个方面。

（1）从保障理念看，强调"尊崇优待"，注重厚植爱党爱国爱社会主义的情感。

党的十八大以来，通过设立烈士纪念、保护烈士纪念设施、悬挂"光荣牌"、表彰"最美退役军人"、宣传先进典型，全社会尊重军人尊崇英烈、尊重退役军人的氛围日益浓厚。随着国家经济实力的强大与社会主要矛盾的转化，"解困救助"型退役军人待遇保障已不符合新时代发展要求，难以满足退役军人军属物质生活需要、精神激励需要，难以实现十九大报告中提出"让军人成为社会尊崇的职业"的要求。因此，退役军人事务部成立后，不断出台措施办法，连续提高抚恤优待标准，在《关于加强困难退役军人帮扶援助工作的意见》中明确提出"尊崇优待"的保障原则和"普惠+优待"的保障理念。

（2）从保障内容看，探索完善新时代待遇保障模式。

党的十八大以来，先后出台多个政策文件，涵盖计划分配军转干部安置、自主择业军转干部管理服务、退役士兵安置和教育培训及伤病残移交安置，以及军休管理服务和双拥优抚工作等一系列较为完备明晰的政策制度。比如，在转业安置方面，各地开始推行积分选岗等措施办法，实施"直通车"式安置服务，推进"精准安置"。在就业创业方面，探索实行学历教育与技能培训并行并举，开展"订单式""定岗式""定向式"培训，推动培训与就业一体化服务。同时，修订《军人抚恤优待条例》，出台《退役军人保障法》《关于加强新时代退役军人工作的意见》等，研究建立完善优抚对象定期抚恤补助量化标准体系，探索建立优抚标准动态调整机制等。

（3）从保障方式看，形成"实物、货币、服务"丰富多元的保障方式。

《关于加强困难退役军人帮扶援助工作的意见》指出，"各地应当根据帮扶援助标准和对象基本需要，采取提供资金、实物和社会化服务等方式，给予多元化、个性化帮扶援助。"《优抚医院管理办法》对优抚医院的入院流程进行了优化，明确属于收治范围的优抚对象，入院可以由村（社区）退役军人服务站代为提出申请，使服务更加人性化，未建设优抚医院的地方，也可以采取购买服务等方式，协调当地其他医疗机构为优抚对象提供医疗服务。

（4）从保障主体看，初步形成了"三驾马车"同向发力的良好局面。

一是政府机构，成立了退役军人事务部及延伸机构，统筹推进退役军人就业、教育、住房、医疗、养老等工作。二是事业单位，从中央到村六级设立了退役军人服务中心（站），原有的优抚医院、光荣院等单位转隶退役军人事务部，打通退役军人服务保障的"最后一公里"。三是社会力量，主要包括企事业单位、社会团体和志愿者机构。这些力量继承和发扬我国拥军优属的优良传统，通过各种形式优待、服务、帮扶活动，对退役军人工作起到补充作用。一个政府机构强力主导、服务体系积极作为、社会力量广泛参与的退役军人工作新格局初步形成。

总的来看，党的十八大以来，在以习近平同志为核心的党中央坚强领导下，退役军人工作革故鼎新、砥砺前行。退役军人服务保障体系加快推进，政策制度体系不断健全完善，退役军人获得感、幸福感不断增强，"让军人成为全社会尊崇的职业"深入人心。在实现中华民族伟大复兴中国梦的壮阔征程中，退役军人工作昂首阔步走进新的发展阶段。

二、美国退役军人待遇制度的历史考察

美国是最早探索退役军人待遇保障的国家之一，在保障理念、制度设计、内容方式等方面具有鲜明的特色和代表性。梳理美国退役军人待遇保障的发展脉络，考察其政策背景、实践做法和现实影响，有利于我们以历史的逻辑更加深入地理解退役军人待遇保障本质内涵、地位作用和特点要求。美国退役军人待遇保障按照历史上影响较大的政策调整为界，大致可划分为以下四个阶段。

（一）南北战争前：美国退役军人待遇制度开始形成

独立战争至南北战争前夕，美国总体上处于政治动荡、阶级分裂、物质条件匮乏的局面，经济社会基础比较薄弱，但在政治和战争利益的强烈驱动下，美国政府仍拉开了退役军人保障工作的序幕。

1. 政策背景与实践做法

1636年，普利茅斯清教徒在与印第安人打仗时，通过法案规定对受伤的清教徒士兵授予土地以维持其生活。这即是"军功授地"[①]制度的起源。1776年8月，大陆会议通过了第一个政府性的军功授地决议，向脱离英军的黑森雇佣军每人提供50英亩土地作为其私产。[②]当年9月，为招募士兵，大陆会议开始许诺按军衔等级向参加大陆军的

[①] 军功授地（Military Bounty Land），是奖励或补偿军队官兵为国家提供军事服务而无偿授予土地的做法。

[②] MERK F.History of the Westward Movement [M].New York：Knopf，1978：238.

官兵提供土地。根据决议,上校军官可获得500英亩土地,中校军官可获得450英亩土地,少校军官可获得400英亩土地,中尉军官可获得200英亩土地,少尉军官可获得150英亩土地,军士和士兵可得100英亩土地[①]。联邦政府成立后又陆续颁布多部法令及修正案,对军功授地的申领程序、期限等问题作了进一步明确。

除军功授地之外,货币补偿也开始作为一种重要的退役军人保障方式出现。独立战争期间,马里兰等无地州提议用10美元赏金来代替100英亩的土地,但遭到了华盛顿等地区的反对。[②]大陆会议考虑战争结束后会获得西部大量的土地,最终也反对马里兰州的提议,但是承诺会对受伤军人和遗属给予货币补偿。到战争后期,为鼓舞士气、挽留离队军人,大陆会议又向所有军官许诺,只要服役到战争结束即可终生享受一半的军饷。[③]这可以看作是美国退役军人抚恤金和退役金制度的萌芽。

2. 制度发展与现实影响

随着独立战争结束,大批退役军人面临生计困难的状况,而大陆会议无力支付拖欠的军饷及伤亡者的抚恤金。1782年夏天开始,军官们就此问题向国会请愿,但始终未得到有效解决,最终引发了退役军人一系列骚动,甚至军队哗变,即历史上著名的"纽堡叛乱"(Newburgh Conspiracy)。华盛顿将军在谈判期间发表演说,提醒军官们注意他们的职责,并承诺会以最明确的态度对国会施加影响。[④]最终,"纽堡叛乱"以国会支付五年的全薪得以平息。

"纽堡叛乱"后,美国联邦政府开始真正重视退役军人待遇问题,

---

① JOHN C.Fitzpatrick.Journals of the Continental Congress –In–Thirty-four Volumes,1774–1789,Vol.5 [M].New York:U.S.Government Printing Office,1968:763–764.

② TREAT P J,The National Land System 1785–1820 [M].New York:E.B.Treat,1967:234.

③ Department of Veterans Affairs,VA History in Brief [Z].Washington,DC:Government Printing Office,2006:2.

④ CHERNOW R.Washington:A Life [M].New York:Penguin Books,2010:434.

组建专门的退役军人管理保障机构并陆续颁布相关法案。1808 年，国会授权陆军部成立了抚恤金处（Bureau of Pension），这是美国历史上第一个专门负责退役军人待遇保障的部门。1811 年，联邦政府首次建立退役军人收容所和医疗救助机构。1818 年，国会通过并颁布了独立战争爆发以来最重要的退役军人待遇保障法案《服役抚恤金法》（1818 Service Pension Law）。

在专门机构和法案的保障下，美国退役军人待遇在一定程度上得到改善，货币经济补偿的对象范围也有所扩大。如 1789 年，伴随美国宪法的通过，联邦政府延续了大陆议会对退役军人抚恤金的规定；抚恤金处成立后，又将抚恤金发放范围扩大到遗属和幸存者；1818 年《服役抚恤金法》再次将保障对象扩大到所有参加过战争、生活苦难、申请救济的退役军人，使领取津贴的人数由 2200 人急剧增加到 17730 人，津贴数额由每年 12 万美元增加到 140 万美元。[①]退役军人抚恤金支出占联邦财政的比重也由 1818 年的 1.5% 增加到 1820 年的 16%。[①]

这一时期，扩张军事和进行战争的国家目标，促成了美国退役军人待遇制度的萌芽。但军功授地和货币补偿皆以吸引、招募、激励军人为主要政策导向，服务于美国建国初期的国土扩张和战争诉求，其政治属性远远大于福利属性。"纽堡叛乱"后，政权稳定和社会安定的硬性需求倒逼政府正视退役军人待遇保障，从国家层面成立正式的管理机构，颁布相关法律，抚恤金处的成立标志着美国退役军人待遇制度的初步确立。

（二）第一次世界大战前：美国退役军人待遇制度持续深化

从南北战争到第一次世界大战开始之前的半个世纪，西方正经历着第二次工业革命，美国也通过南北统一、西进运动和教育改革等，

---

① Department of Veterans Affairs. VA History in Brief [Z]. Washington, DC: Government Printing Office, 2006: 3.

迅速解放和发展了生产力，实现了工业跳跃式发展和经济腾飞，并跻身世界强国行列。逐步壮大的经济实力使退役军人保障的经济基础愈加扎实，保障能力逐步提高。

1. 政策背景与实践做法

1862年《宅地法》（Homestead Act）颁布后，凡年满21岁的美国公民，只要申请，即可得到不超过160英亩的土地作为份地，耕种5年后即取得所有权，这也导致军功授地制度在招募士兵方面的吸引力逐步减弱。美西战争期间，为了鼓励参军，美国国会又一次大规模开展军功授地，为增强实用性，还引进了折换制度，即"不要土地者可以换取100美元年息6厘的国库券"。[①] 美西战争后，美国国土面积增加了近四分之一，为促进土地开发，又颁布法令允许自由转让军功授地券。

随着美国国力的逐步增强，退役军人货币补偿的范围和内容逐渐扩大，政策适用性逐渐增强。1862年通过的《抚恤金法》（The General Pension Act），开始依据伤残等级和军衔向退役军人及军属发放抚恤金。1873年该法案修订后，进一步取消了军衔作为依据的限制，仅以伤残程度为标准发放抚恤金，并且提出为那些需要护工照料的退役军人支付护理费。1890年通过的《军属抚恤金法》（Dependent Pension Act），将失去劳动能力的退役军人也纳入救济范围。1912年通过的《舍伍德法》（The Sherwood Act）进一步扩大了对象范围，规定"所有参加墨西哥战争和南北战争的北方军人，无论是否患有伤病或残疾，都可在年满62岁时领取养老金"。[②]

同一时期，文官录用优待开始作为货币补偿的重要补充形式出现。

---

① U.S.National Archives and Records Administration：United States Statute at Large，in 17 Volumes，125. 转引自：孔庆山：《美国土地制度中的军功授地》，天津：南开学报（哲学社会科学版）2002年第2期，第81页。

② Department of veterans Affairs.VA History in Brief [Z].Washington DC：Government Printing Office，2006：5

其实早在1865年，国会通过的《第1754款修改法》(Section 1754 of Revised Statutes)，就提出了文官录用优待的思想，但由于规定过于含糊、没有具体落地措施而流于形式。

2. 制度发展与现实影响

尽管这一时期随着土地制度带来生产力的极大解放，美国退役军人待遇保障的经济基础不断厚实，伤残金、退役金甚至护理费逐步走上历史舞台，但由于南北战争过于惨烈，死伤极其惨重，退役军人保障又出现许多新的需求和特点。

据统计，南北战争开始前，美国约有8万名退役军人，南北战争结束后，联邦有超过190万名退役军人需要被保障，其中很大部分是残疾退役军人，他们需要长期持续的身心治疗。为满足这些残疾退役军人的医疗护理及其他生存需要，林肯总统于1865年3月签署国会立法，创建了"伤残军人庇护所"(National Asylum of Disabled Volunteers Soldiers)[1]，成立时的宗旨表明，"这既不是医院也不是济贫院，而是由美国政府为国家勇士提供生活、住所、服装、教育、就业机会及娱乐的家。这不是施舍，而是对勇士们的奖励。"[2] 最初一年，联邦政府建立了三个"伤残军人庇护所"，到1929年，全美共成立了11个"伤残军人之家"。

由于退役军人经历了战争创伤，难以融入之前的生活环境，因此，除政府组建的退役军人庇护所之外，也有不少伤残退役军人自发迁往西部地区，利用边疆的陌生和新鲜感，重新开始生活，逐渐地形成了一些退役军人聚居地。[3] 之后又自发成立了一些退役军人权利

---

[1] 为消除"庇护"一词的负面指向，1873年，该机构更名为"伤残军人之家"(National Home for Disabled Volunteers Soldiers)。

[2] Dr.Suzanne Julin, The National Home for Disabled Volunteer Soldiers, 2009, http://www.nps.gov/articles/history-of-disabled-volunteer-soldiers.htm.

[3] Kurt Hackemer, Place of Their Own: Veterans of The Civil War, 2021 Https://www.historynet.com/a-place-of-their-own/.

组织。1866年,名为"共和国之军"(Grand Army of the Republic, GAR)的退役军人组织成立并迅速发展壮大,至1890年,已有40万成员,该组织积极为退役军人谋求福利,一项数据表明,在1870年,仅有5%的退役军人实际收到了养老金,通过GAR的不懈努力,到1910年,近93%的退役军人收到了养老金。[①]1913年,两次美西战争的退役军人组织合并成立了名为"海外退伍军人协会"(Veterans of Foreign Wars, VFW)的国外战争退役军人组织。

此外,军人公墓也随着南北战争开始出现。1861年,第一个军人公墓在华盛顿特区建立。1862年,国会授权总统可以批准建立军人公墓。林肯总统在任期间共批准建立了14个军人公墓。1873年,法律对军人公墓的规格尺寸进行了统一,要求"墓碑必须是4英寸厚、10英寸宽、12英寸长的白色大理石或花岗岩",该法案同时规定,"每一位荣誉退役的老兵都有资格葬在军人公墓。"[②]

这一时期,美国国力不断增强,退役军人待遇保障在经济上得到有效支撑。但战争带来的伤亡,导致退役军人对身心疗愈、社会再适应和身后安葬等出现新的需求。伤残军人之家、民间退役军人组织以及军人公墓的建立,说明美国退役军人待遇制度由最初发展政治、扩张军事、稳定社会等外在需求逐步转向关注退役军人自身需求的阶段。

(三)第二次世界大战前后:美国退役军人待遇制度基本定型

经过两次世界大战,美国由工业大国跃迁为世界第一强国,在战争直接促动和经济社会制度持续变革的背景下,美国退役军人待遇制度也经历了较大程度的调整,从保障机构、方式和效果上看都呈现出

---

① BENNETT J T, Paid Patriotism?: The Debate over Veterans' Benefits [M].New York: Routledge, 2017: 282.

② National Park Service, History of the National Home for Disabled Volunteer Soldiers 2017, http://www.nps.gov/articles/history-of-disabled-volunteer-soldiers.htm.

有别于前一阶段的特征和面貌，逐步形成了现代意义上的退役军人待遇制度。

1. 政策背景与实践做法

在一战后资本主义世界经济危机的影响下，不少退役军人担心政府无力兑现养老金的承诺，要求提前发放，最终引发了一场名为"补偿金远征军"（The Bonus March）的群体性事件。1932年，有4.5万名退役军人及其支持者在华盛顿特区游行，美国陆军情报处和联邦调查局向白宫报告称"补偿金远征军是一个革命组织的先锋，他们计划接管华盛顿并推翻美国政府"。[1] 胡佛总统命令军队将抗议人群强行驱离，并对退役军人营地进行焚烧和毒气袭击，造成了一定程度的伤亡。

"补偿金远征军"游行事件后，继续探索退役军人保障出路变得迫在眉睫。1936年，国会通过授权拨款39亿美元，用于解决一战退役军人的补助金，这几乎占到了当年政府预算的一半。[2] 为此，罗斯福在1943年的"炉边谈话"时曾说道："我们现在就要提前筹划退役军人安置，而不是到了最后时刻才做一个匆忙的、救急的、效果并不好的决策。"

从货币保障上看，除抚恤金、退役金外，美国政府开始探索商业保险和住房贷款优惠等措施。1917年修订的《战争风险保险法》（risk insurance act），为在战场上牺牲、被俘或受伤的军人提供政府补贴的人寿保险。1919年再次修订的《战争风险保险法》，建立了"美国政府人寿保险"计划（united states government life insurance，USGLI），该保险计划一直延续至1951年，承保范围覆盖所有退役军人。

从就业安置上看，文官录用优待制度逐步落地执行。第一次世界

---

[1] Todd DePastino, When veterans Stormed the Captial: The March of the Bonus Army of 1932, part2, 2020, http://veteransbreakfastclub.org/when-veterans-stormed-the-capital-the-march-of-the-bonus-army-of-1932-part-2/.

[2] RESCH J P.Americans at War: Culture, Society, and the Homefront 1901-1945 [M].New York: Macmillan Reference USA, 2004: 191-192.

大战后，国会第一次比较详细地制定了给予退役军人文官录用优待的《1919年优待法》（1919 Preference Act），放宽了对退役军人及其家属申请文官录用优待要求，使联邦政府文官队伍中退役军人及其家属的占比急剧增加。至1923年，34%的新增政府雇员都是退役军人。[①]

2. 制度发展与现实影响

一战后，伤残军人数量激增，1921年，国会通过《兰利法案》（Langley Act），拨出专款兴建医院。1930年，联邦政府将之前各自独立的退役军人管理处、抚恤金处和伤残军人之家合并成了退役军人管理署，这是联邦政府保障管理退役军人的第一个综合性行政机构。"补偿金远征军"事件后，美国政府又于1933年成立了退役军人上诉委员会，为退役军人权益纠纷提供司法救济和权益维护。

这一时期，退役军人非政府组织也进一步发展壮大。1919年，第一次世界大战退役军人成立了美国退役军人协会（American Legion），第二次世界大战期间，在美国退役军人协会、战后市民和军事人力再安置协调小组、服役人员战后教育委员会、美国教育理事会的共同努力下，最终国会以全体一致同意的投票结果通过了《1944年退役军人权利法案》（Servicemen's Readjustment Act of 1944）。该法案提出的退役军人教育资助政策、退役军人住房贷款计划等，不仅成功解决了二战后退役军人安置的难题，并且作为一种政策模式被美国联邦政府沿用下来，成为其发展历程中的重要里程碑，对美国社会产生了深远影响。

总体来看，这一时期美国退役军人待遇制度进行了重大创新。特别是1935年美国建立社会保障制度后，退役军人待遇保障开始与之同步发展，在保障理念上由过去体现群体特殊性的"抚恤救济"逐渐发展到体现一般性的"保障权利"。同时，财政压力倒逼政府数次进行政

[①] 王书峰.美国退役军人教育资助政策形成与变迁研究[M].广州：广东高等教育出版社，2009：81.

策调整，不断整合管理保障机构，进入由被动保障向提前谋划、主动作为转变的新阶段。

（四）朝鲜战争以来：美国退役军人待遇制度缓慢发展

在近半个世纪的美苏争霸过程中，美国维持着庞大的军力规模，后冷战时代为保持一超独大的地位，接连发起了数场局部战争。在对外战争需求、国内政治发展和经济社会变革的共同作用下，美国退役军人待遇制度在曲折渐进中得到进一步巩固和完善。

1. 政策背景与实践做法

从保障方式上看，第二次世界大战后仍延续"以货币补偿为主、文官优待为辅"的方式，没有发生根本性变化。在保障内容上，形成了"多种福利、打包供给"的内容体系，福利类别更加丰富，内容覆盖更加全面。以医疗保障为例，经过1993年克林顿医保改革、1994年退役军人事务部基本关怀指导计划和退役军人医疗管理局改革等历次变革，退役军人医疗保障范围延伸到精神关照、创伤后应激障碍修复、女军人特殊照料甚至家庭亲密关系修复等。这远超出了一般意义上预防体检和疾病治疗等传统医疗保障的范围。目前，美国退役军人所享受的福利待遇大概可分为七大类（图2-1）：残疾福利、教育培训、职业复健与雇佣、住房贷款优惠、遗属福利、医疗照顾、人寿保险和殡葬福利。

从保障力量上看，相关政府机构和非政府组织进一步发展壮大。首先，政府保障力量不断增强并最终组建了退役军人事务部。朝鲜战争、越南战争、海湾战争等造成军人伤亡数量与程度显著增加，退役军人的医疗服务需求越来越高，时至今日，美国退役军人医疗管理局管理着全美最大、最完整的医疗保健系统，包括1700余家医院、126个疗养中心、若干社区诊所，还与多家医科大学及下属医院建立合作关系。越战结束后，美国进行了兵役制度改革，开始实行全志愿兵役制。由于全国范围内近三分之一的人口有资格享

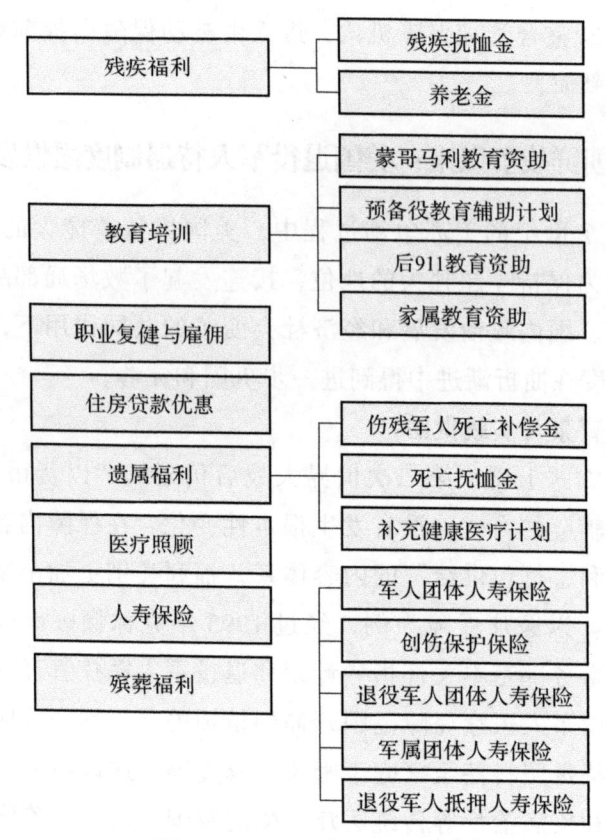

```
残疾福利 ─┬─ 残疾抚恤金
         └─ 养老金

教育培训 ─┬─ 蒙哥马利教育资助
         ├─ 预备役教育辅助计划
         ├─ 后911教育资助
         └─ 家属教育资助

职业复健与雇佣

住房贷款优惠

遗属福利 ─┬─ 伤残军人死亡补偿金
         ├─ 死亡抚恤金
         └─ 补充健康医疗计划

医疗照顾

人寿保险 ─┬─ 军人团体人寿保险
         ├─ 创伤保护保险
         ├─ 退役军人团体人寿保险
         ├─ 军属团体人寿保险
         └─ 退役军人抵押人寿保险

殡葬福利
```

▼ 图2-1 美国退役军人待遇体系图

受退役军人福利（含退役军人及其军属）。庞大的机构规模要求政府管理体制随之变革。1989年里根政府执政期间将原退役军人管理署升级为内阁第二大部门——退役军人事务部。该部由医疗管理局（Veterans Health Administration，VHA）、福利管理局（Veterans benefits Administration，VBA）、公墓管理局（National Cemetery Administration，NCA）组成，设1个中心、2个委员会和15个办公室。其次，随着退役军人非政府组织的发展壮大，其影响力不断增加，成为仅次于教育、妇女团体的第三大政治组织，他们通过内部游说、影响选举、法律诉讼等多种方式，对国会、政府的决策产生影响，逐步成为美国重要的政治压力集团，有批评人士指出，"这些组织逐渐演变成为政治利器，不是为了促进公共利益而存在，只是为了其成员的个人利益。"[①]

从法规制度上看，在几场局部战争的直接影响下，美国退役军人福利相关法律法规也呈现猛增势头。相继出台了《朝鲜战争军人权利法案》（Korean G.I.Bill）、《越南战争军人权利法案》（Vietnam G.I.Bill）、《海湾战争补充授权和参战人员福利法》（The Persian Gulf Conflict Supplemental Authorization and Personnel Benefits Act）等，专门保障特殊参战退役军人的福利待遇。朝鲜战争以来，影响力最大的退役军人保障法是《1984年退役军人教育资助法》（The Veterans' Educational Assistance Act of 1984），它确立了现代美国退役军人待遇保障的制度基础。1987年，国会通过修正案，将其命名为《蒙哥马利军人权利法案》（Montgomery GI Bill），简称MGIB。此后，该法案被多次修正补充。每两年左右，美国会颁布年度性的《退役军人利益改善法》（Veterans' Benefits Improvement Act，VBIA），以维持退役军人福利水平不因经济形势和物价水平而降低。

2. 制度发展与现实影响

自20世纪70年代以来，参众两院退役军人事务委员会常设机构的有效运转，使美国几乎每隔两三年就会新出台或修订一部退役军人法规，这为退役军人法案的制定和修正提供了重要的组织保证。1989年，退役军人管理署升级为退役军人事务部，更进一步巩固了美国政府在退役军人待遇保障事务中的主导地位，表明该制度已走上成熟稳定的良性发展轨道。

尽管保障力量发展壮大与政策法规的不断完善对提高退役军人福利起到了积极的促进作用，特别是为了防止公平失衡，在抚恤金领取、

[①] BENNETT J T.Paid Patriotism?: The Debate over Veterans' Benefits [M].New York: Routledge, 2017: 282.

医疗保障和文官录用等方面，美国设计了复杂的流程和强化措施，但也相应带来了管理成本高，错情较多，效率低下等诸多问题。美国退役军人事务部监察与评估办公室2011年的一份报告显示，在4.5万份退役军人提起异议审查的案件中，约有23%的残疾评定有误，对退役军人实际福利的影响程度8%~15%。[①]2012年，根据审计报告披露，至少120名退役军人的坟墓被错误标记。[②]医疗方面更为明显，尽管美国退役军人医疗管理局管理着美国最大、最完整的医疗保健系统，但由于医疗保障需求巨大、诊疗服务内容庞杂、管理流程繁琐等问题，仍然不能有效满足退役军人医疗保健需求。据报道，2019年4月上旬，3名迟迟得不到治疗的退役军人举枪自尽，还有许多退役军人在等待入住退役军人医院的过程中死亡。为应对此事件，特朗普政府通过《退役军人选择法》(The Veteran Choice Program)推动退役军人医疗福利改革，力求使退役军人能够在退役军人医院或私人保健机构中自主选择，并尽可能获得较高级别的护理服务。

这一时期，从保障方式、保障内容和保障力量来看，美国退役军人待遇制度已进入相对稳定成熟的发展轨道，没有出现较大的政策变化。但是，由于福利制度本身所具有的刚性特征，保障水平"易升难降"，加之需求种类的多样化和保障范围的扩大，给财政和保障力量带来较大负担，很难达到退役军人满意的保障水平。

三、退役军人待遇制度历史演进的基本规律

历史规律体现着整个社会、整个人类历史发展本质的总趋势。[③]

[①] VA Office of Inspector General, Systemic Issues Reported During Inspections at VA Regional Offices, 2011: 2.https://www.va.gov/oig/52/reports/2011/VAOIG-11-00510-167.PDF.

[②] Michael Pearson, The VA's Troubled History, Updated 1640 GMT (0040 HKT) May 30, 2014.https: // The VA's troubled history | CNN Politics.

[③] 侯惠勤.马克思主义哲学是坚持共产党领导的理论底气[N].新华日报，2018-9-11.

习近平总书记指出，"中国特色社会主义是在不断总结经验、探索规律中开辟和前进的。"① 通过考察中美两国退役军人待遇制度的历史沿革，可以看出，各阶段待遇制度发展轨迹基本顺应了生产力发展水平和价值观念导向的发展趋势。寻找共性，管中窥豹，大致可探索出退役军人待遇制度这一公共品的几条演进规律。

（一）在保障理念上，呈现"救济—权利—福利"的递进升级

无论是我国还是美国，都是由对伤残军人的抚恤救助拉开了退役军人待遇保障制度的序幕。之后逐渐发展到关注退役军人的养老问题（即退役金发放），再到就业安置问题，再到教育培训问题，同时伴生的还有保险制度的完善、荣誉优待政策的出台等。在国家发展重心从经济政策向社会政策转型的背景下，退役军人待遇保障持续向强调民生权利、个体发展、社会融合的福利型服务保障升级，待遇制度体系得到有效拓展，并呈现出"普惠"与"优待"相结合的保障特征。通过梳理不难发现，退役军人待遇保障在理念上呈现出"救济—权利—福利"的演变路径。这与国家福利制度和社会保障制度的政策演变过程也是相一致的。退役军人待遇制度保障理念所呈现出的"救济—权利—福利"的演变路径本身就成为了社会文明发展进步的重要标志。在我国开启全面建设社会主义现代化新征程、向第二个百年目标进军的战略布局下，改革完善我国退役军人待遇保障制度，应树立起"抚恤救济、权利保障、福利供给"多元保障共同作用的理念。

（二）在保障方式上，呈现"实物—货币—服务"的多元叠加

中美退役军人待遇制度在保障形态上呈现出的"实物—货币—服

---

① 习近平在学习《胡锦涛文选》报告会上的讲话，2016-9-29。

务"的多元叠加，是生产力发展水平与民生需求的客观反映。在国家生产力水平较低的历史阶段，待遇供给以实物为主，所满足的也是退役军人的基本生存需求。上面提到，在建国初期，国家财政比较困难，对革命烈属等优待对象采用的是定期定量补助的办法（主要形式是发放抚恤粮），在农村则延续了建国前根据地实行的"代耕"政策，至改革开放后，货币供给才逐步取代实物供给。无独有偶，美国建国初期，经济社会基础也比较薄弱，物质条件非常匮乏，因此保障方式以军功授地为主。随着生产力水平的发展，货币供给必然要逐步取代实物供给。生产力水平进一步提高，根据恩格尔定律所揭示的规律，人们的消费需求结构也相应有所变化。衣食住行的基本生存需求下降，对精神和享乐的需求逐步上升。这时，简单的货币供给已经难以满足退役军人待遇需求。货币激励的边际效用小于福利激励的边际效用，因此，探索完善服务优待等保障形式成为待遇供给的发展之需。

（三）在发展路径上，呈现"被动诱致性—主动创新性"的变迁轨迹

"社会制度变迁的合目的性与合规律性相统一的规律、自然演进与理性建构相统一的规律是适用于任何社会制度变迁的普遍规律。"[1]退役军人待遇制度在历史变迁中也呈现出这样的规律。在制度初创期，退役军人待遇保障制度是应政治需求而生。无论是我军待遇制度最初起到的积极"扩红"作用，还是美国以开疆拓土、扩充军力、吸引移民为政策目标开启的军功授地制度，其初衷以吸引、招募、激励军人为主要政策导向。退役军人待遇保障由现役军人待遇保障衍生而来，其政治属性远远大于保障属性。在制度深化期，如何在战后短时间内解决好大量退役军人问题事关国家社会稳定。以美国来看，正是纽堡叛乱、补偿金远征军游行以及1973年兵役制度改革后征兵困难的

---

[1] 崔希福.社会制度变迁规律新论[J].江西社会科学，2006（2）：32.

局面，直接推动美国退役军人管理机构加快了抚恤金处—退役军人管理署—退役军人事务部这一系列逐步健全完善的步伐。在制度稳定期，随着国家经济水平的增长与退役军人管理机构、立法机构、社会组织的健全，国家对退役军人待遇保障不再是被动诱导，而是积极主动作为，推动退役军人待遇制度走向良性发展轨道。因此，在发展路径上，呈现"被动诱致性——主动创新性"的变迁轨迹。

（四）在管理体制上，呈现"多头分散—统管统筹"的创新变革

前面提到，美国退役军人管理机构由抚恤金处—退役军人管理署—退役军人事务部逐步健全完善。我国退役军人管理保障重点由最初的抚恤优待到后期转向退役安置，随着保障人群及保障内容的扩大，也经历了一个由多头分散管理到统管统筹的变革过程。早期退役军人待遇保障仅是民政部门的一项工作内容，至1991年成立全国双拥工作领导小组，统一指导协调全国拥军优属、拥政爱民工作，开始重视对管理保障工作的统领。1993年中共十四届三中全会通过的《中共中央关于建立社会主义市场经济体制若干问题的决定》中明确"社会保障体系包括社会保险、社会救济、社会福利、优抚安置和社会互助、个人储蓄积累保障。"退役军人的优抚安置是社会保障体系的一个子项目，由民政部、人社部和军队共同履行管理保障责任。至党的十九大报告提出组建退役军人管理保障机构的决策，退役军人待遇管理体制实现了重大突破，这反映了新时期管理保障退役军人的需求与形势发生了变化。由于国防的公共产品属性和退役军人及其家庭待遇保障需求的多样性，保障的特殊性、复杂性，管理保障事务需要中央政府负主体责任，也需要一个强力部门来统领。特别是像中国、美国这样地域广阔、人口众多的大国，更需要强力高效的管理体制推动退役军人待遇政策落地见效。

第三章

制度现状：
基于中外退役军人待遇制度比较分析

军人退役，由专门从事军事职业的人转化为社会人，兼具"军事人"与"社会人"双重属性，其待遇保障需求既有一般公民所企盼的养老、医疗、居住、教育、就业等基本公共服务需求，也有军人所特有的荣誉、优待、抚恤等需求。各国退役军人管理保障实践也基本上是围绕这些待遇需求展开的。他山之石，可以攻玉。研究分析外国退役军人待遇保障制度的内容、特点规律与运行模式，对完善我国退役军人待遇制度建设具有启示借鉴的作用。本章首先考察对比了中外退役军人在养老保障、医疗保障、住房保障、就业保障、抚恤优待、管理体制、法制建设七大制度现状的异同（表3-1），在此基础上，结合国家经济社会历史沿革、战略导向目标、社会保障制度安排等背景总结了退役军人待遇制度建设的四点启示。

一、中外退役军人养老保障比较

养老保障方面，实行志愿兵役制的国家大多采取"一次性退役金+按月发放养老金"的模式，如美国、俄罗斯、英国、德国、日本等。以日本为例，日本军官在法律上属于特别职国家公务员，到龄后可申请自愿退役，退役时根据服役年限和退役时的月薪金额，一次性领取

第三章 制度现状：基于中外退役军人待遇制度比较分析 | 73

表 3-1 中外退役军人待遇制度对比分析表

国家	退役方式	主要保障方式	养老保障	医疗保障	住房保障	就业保障	抚恤优待	管理机构
美国	法定退役/自愿退役/伤残退役/预备役退休	政府保障+自行保障	一次性退役金+退休金+团体人寿保险	军队医院免费就诊+补充医疗保险	贷款担保、优惠+保障性住房	就业优先权+退役军人特别委任权	抚恤金；直系亲属教育金；国家公墓安葬；军队商店免税购物；旅游出行优待等	退役军人事务部；参众两院都设有退役军人立法委员会
俄罗斯	法定退役/自愿退役/伤残退役	依托社会保障体系	一次性退役补助金+退休金+军龄退休金或伤残抚恤金（军人各选其一）	军队医院免费就诊（服役20年以上军官）	国家提供住房+无偿财政资助	就业优先权	财产所有权和税收优待；子女入托入学优待；交通出行优待等	俄联邦军人社会问题委员会
英国	法定退役/自愿退役/伤残退役	依托社会保障体系	一次性退役金（无论政府还是私企二次就业，都可同时享受）	社会医疗保险+医疗补贴	军方建房，购买地方房的给财政补贴；贷款优惠	政府购买公司服务；13个星期未就业发放失业补贴；不提供预留岗位	伤残抚恤金	国防部
德国	法定退役/自愿退役/伤残退役	依托社会保障体系	一次性退役金+退休金（政府任职补差，私企就业可同时享受）	社会医疗保险+疑难病症报销	优惠贷款	军方与地方单位共同负责培训与职业介绍；政府提供一定预留岗位	遗属保障金等	国防部

续表

国家	退役方式	主要保障方式	养老保障	医疗保障	住房保障	就业保障	抚恤优待	管理机构
澳大利亚	法定退役/自愿退役/伤残退役	依托社会保障体系	退役养老保险	社会医疗保险	优惠贷款	提供职业培训	伤残补贴；抚恤金；丧葬费	退役军人事务部
法国	法定退役/自愿退役/伤残退役	专门的军人保险体系	退休金＋提前退役奖励金（政府任职的要退还退役费）	退休军官军队医院免费就医；退役军官与士兵参加社会医疗保险	优惠贷款	提供职业培训（服役时表现不好的退役后不提供就业培训，自行去职介所找工作）	无人瞻养退休金；荣誉勋章补贴；交通出行费用减免等	国防部
日本	法定退役/自愿退役/伤残退役	专门的军人保险体系	一次性退役金＋退休金（共济保险）	社会医疗保险	—	就业支援；再就职审查	—	自卫队离职委员会
韩国	法定退役/自愿退役/伤残退役	自行保障＋政府保障	退休金＋终生退役年金或一次性退役金（服役20年以上可领取）	—	军方提供住房	提供职业培训；政府提供一定预留岗位；创业低息贷款	报勋年金；死亡补偿金	国家报勋处（爱国者及退役军人事务部、直属总理室）

第三章　制度现状：基于中外退役军人待遇制度比较分析 | 75

续表

国家	退役方式	主要保障方式	养老保障	医疗保障	住房保障	就业保障	抚恤优待	管理机构
印度	强制退役/自愿退役	自行保障+政府保障	一次性退役费；退休金；退休保险金（70岁时可领取）	军队医院免费+集体医疗保险	地方政府建保障性住房+建房贷款担保	提供职业培训；政府提供10%、24.5%的预留岗位	伤残费；抚恤金；贫困救济补助；交通出行优惠等	国防部安置总局
越南	转业/复员/退休	政府保障+自行保障	退休金	退役军队医院；退休地方军队医院	—	政府提供一定预留岗位	—	社会劳动荣军部+国防部
巴基斯坦	退休/转入预备役/退役	政府保障+自行保障	退休金；特殊附加养老金；超期服役补贴	军队医院免费（配偶与未成年子女也可享受）	服役时参加"军队住房工程"计划；基金会建造经济房	自谋职业（政府及国企每年预留10%的岗位接受退役军官）	伤残养老金；家庭抚恤金；长期雇佣服务人员补贴；死亡抚恤金	—
瑞典	退休/非裁军期同自愿退役	纳入社会保障体系	—	—	—	自谋职业，未就业的发放200天失业金；两年内工资低于部队的，国防部补差额	—	—

续表

国家	退役方式	主要保障方式	养老保障	医疗保障	住房保障	就业保障	抚恤优待	管理机构
芬兰	退休/自愿退役	依托社会保障体系	无退休金，自谋生路	—	—	—	—	—
中国	退休/转业（含自主择业）/复员/自主就业/退伍	政府保障+自行保障	退休费；转业费；自主择业退役金；自主就业补助金；复员费	公费医疗；城镇职工医疗保险；城镇居民医疗保险；农村医疗保险	住房补贴+住房公积金；租住军队公寓住房；经济适用房	政府、国有企业预留一定岗位	抚恤金；交通出行等优待	退役军人事务部

资料来源：根据期刊文献内容整理。

退役补贴,一般可以领到月薪的 30 多倍,最多可领到 60 倍。实行义务兵役制的国家基本都依托社会养老保险制度进行保障,如芬兰、瑞典、法国、澳大利亚等。以瑞典为例,瑞典现役军人与退役军人的福利待遇保障体制与其他公民一样,完全由社会服务机构承担。法国根据《军人社会保险制度实施法令》规定,军人服役期间按规定缴纳保险以及其他相关社会互助基金,军人与国家公务员一样,属于"特殊保障系统",对军人保险的条件及保险费等有特殊优惠政策。我国则按退役方式不同采取不同的养老保障办法,自主择业干部(逐月领取退役金退役人员)、退休干部、退休军士与美、俄等国类似,采取的是"一次性退役金+按月发放养老金"的模式,转业干部、转业军士、自主就业士兵,大体上采用的是"一次性退役金+社会养老保险"的办法。

二、中外退役军人医疗保障比较

医疗保障方面,美、俄等国主要依托军队管理的医疗系统来保障,大体上实行"军队优惠医疗+补充医疗保险"的模式。以美国为例,退役军人事务部专设医疗管理局,管理着全美大约 1700 多个医疗机构,包括 900 多个流动医疗点和社区门诊部、136 个疗养院、43 个康复中心、近 90 个综合居家养护项目以及 200 多个医疗中心。[①]退役军人及其家属依据伤残及收入情况在这些医疗机构可以免费或优惠就医。此外,美国还建立了包括政府护理保险体系、军人团体人寿保险及个人商业护理保险三个层次多个项目的补充保险体系,基本涵盖了救治、诊疗、护理在内的所有与医疗保障相关的服务项目。英、法、德等国主要依托社会医疗保险体系保障,大体实行"社会医疗保险+补充医疗保险(或补贴)"的模式。"英国退役军人的医疗保障全部由社会医疗保险负担,同

---

① Department of Veterans Affairs.VA History in Brief [Z].Washington DC: Government Printing Office, 2006: 33.

时军人还另外享受一定额度的医疗补贴。德国军官退休后，每月从退休金中交纳 7%~8% 的医疗保险费，平时患病治疗费用由医疗保险机构支付 60%~80%，如患疑难病症，可全部予以支付。"[1] 我国按退役方式不同采用不同的医疗保障办法。离退休干部、退休军士、自主择业干部（逐月领取退役金退役人员）实行公费医疗（即全额报销），转业干部、转业军士、自主就业士兵，随再就业单位性质不同，或公费医疗保障，或社会医疗保险保障。

三、中外退役军人住房保障比较

住房保障方面，国外通常采用"提供贷款优惠+地方政府或军方提供保障性住房"的模式，我国按退役方式不同采用不同的住房保障办法。总体而言，由于大部分职业化军队实行高工资、高福利的保障理念及政策，因此住房需求基本可由军人自行解决，对少数比较困难的，国家提供住房优惠贷款或住房担保。以美国为例，1944年，退役军人事务部开始提供住房贷款担保，住房贷款利率低，期限长，应用范围也很广泛，除了可以用于购房、建房，也可以用于改善住房条件，目前，事务部在全美有11个住房贷款中心，负责提供贷款担保信息咨询。俄罗斯、巴基斯坦、墨西哥等国家有与我国住房公积金计划类似的保障办法，在军人服役时自愿或强制性缴费储蓄，退役时发放给个人或用于住房贷款。在保障性住房建设方面，英国是军队负责建造、分配和管理，印度则是由地方政府负责。我国退休干部主要是通过安置住房（含有保障性质的政策性住房）进行保障；转业干部、转业军士、自主择业干部（逐月领取退役金退役人员）、自主就业士兵在服役时按月从工资中提取住房公积金和住房补贴，退役时如腾退军队公寓住房，则个人账户累计的住房公积金和住房补贴可退还给个人，也

---

[1] 山乔.英国德国退役军官安置概览[J].转业军官，2011（4）：41.

可用于偿还商品房贷款。

四、中外退役军人就业保障比较

就业支持方面，美、俄等国主要采取"提供教育培训＋政府职位享有就业优先权"的办法。俄罗斯不负责为退役军人安排工作，但各级职能部门和社会团体提供了比较完善的培训服务。美国从1919年开始实行文官录用优待制度。目前的就业优待制度包括就业优先权政策、特别委任权政策和政府采购优惠政策。法、德、印等国采取的是"提供就业支持＋政府预留一定职位"的办法。这些国家也都有比较完善的培训制度来保障退役军人再就业，同时，政府部门也会预留一定职位进行保障。如"德国的邮电、铁路等部门必须为退役军人预留至少5%的编制，政府机关必须拿出1/9的高级职位和1/6的中低级职位给退役军人。"[1] 我国按身份与退役方式不同采用不同的就业保障办法。对转业干部、转业军士采用指令性安置，政府和国有企业预留一定编制进行保障；对自主择业干部、逐月领取退役金退役军人、自主就业士兵主要是提供教育培训或就业创业优惠政策。

五、中外退役军人抚恤优待比较

抚恤救助方面，各国通常采用给予伤残退役军人或遗属"一次性抚恤金＋按月发放生活费"的模式，同时会在医疗、住房、就业等方面给予其高于一般退役军人的优待保障。以美国为例，每年需支付的伤残补偿金大约占到了福利管理局支出的78%[2]，伤残退役军人享有的该项补助是依据伤残情况、家庭抚养人数等综合评定、动态调整的。

---

[1] 王培志.德国怎样培训退役军官[J].转业军官，2014（12）：41.
[2] 谢和均，徐应萍.美国退役军人管理保障及其启示[J].中国行政管理，2018（8）：21.

对退役军人，特别是对伤病残退役军人进行抚恤救助，是各国退役军人待遇保障的源头。美国早在1862年就通过了《抚恤金法》。我军在土地革命初期，各根据地即开始探索本地区的抚恤优待措施。改革开放以来，国家已30次提高残疾军人残疾抚恤金标准，31次提高"三属"定期抚恤金标准和"三红"生活补助标准。

荣誉优待方面，国外普遍重视荣誉褒奖，部分国家有功勋荣誉与物质待遇挂钩的机制。国外对退役军人的荣誉优待措施一般包括授予勋章、奖章和荣誉证书，设立专门的退役军人节日并举行庆典，给予退役军人出行、旅游等优惠措施以及殡葬公墓安置等。荣誉，是军人的第二生命。优待与荣誉，是褒扬奖赏的最直接体现，也是最能体现军人职业价值的方面。因此，几乎所有国家都有勋章荣誉体系。在特定场合可着军装、可佩带勋章、奖章，授予勋章举行隆重庆祝仪式，是各国通行做法。部分国家有功勋荣誉与物质待遇挂钩的机制。比如英国维多利亚十字勋章获得者可增加100英镑年薪，其他获奖者在同批和同级晋升者中可优先考虑晋升。美国获得国会荣誉勋章的军人，出行在有空余舱位的情况下，可以免费乘坐军用飞机。其合法子女可以不受名额限制由美国各军事院校录取。我国荣誉体系建设近年来加速推进，全社会尊崇英雄尊崇军人的氛围初步形成。党的十八大以来，以习近平同志为核心的党中央高度重视功勋荣誉表彰工作，目前已建立起"五章一簿"为主干的功勋荣誉表彰制度体系。目前，通过悬挂光荣牌、表彰"最美退役军人"、宣传时代楷模张富清等先进典型，尊崇军人的社会氛围有所回温，荣誉制度建设成效显著。

六、中外退役军人管理体制比较

除养老、医疗、就业等待遇保障模式有所不同之外，我国与其他国家的退役军人制度在管理体制、法律保障、社会资源运用上也有一些差异。待遇保障模式的差异经由各国具体体制、法律、实体形式得以实现，使得制度运行机制大不相同。

在管理体制方面，美国、澳大利亚、加拿大实行"事务部主导"模式，法国、德国、英国、印度等实行"国防部主导"模式，俄罗斯、土耳其、韩国等实行"委员会主导"模式，日本实行"分散管理"模式。虽然各国管理体制多有不同，但由于国防的公共产品属性和退役军人及其家庭的待遇保障需求多样性，退役军人管理保障事务需要中央政府负主体责任，也需要一个职权较高、协调能力较强的部门来统领。管理保障机构的高权威性，有利于政令畅通、高效保障。改革前，我们国家是"分散管理"模式，政出多门容易引发不合理的待遇攀比。目前，党中央成立了中央退役军人事务工作领导小组，国务院成立了退役军人事务部，县级以上政府成立了退役军人事务机构，退役军人养老、医疗、就业、荣誉优待等各项工作整体布局、统筹推进。中央到村六级都设立了退役军人服务中心（站），退役军人服务保障体系有了重要平台和抓手。

社会资源运用方面，国外的非政府组织建设历史较长，政府购买服务种类多样，我国退役军人组织在有关部门领导下有序开展工作。由于退役军人待遇保障涉及方面众多，仅凭军队或政府一己之力都难以完成，且第二次世界大战后世界经济发展较慢，即便是高福利国家，政府也都在逐步精简机构和人员。因此，国外普遍重视依托社会资源保障退役军人待遇，提高保障效率。这主要体现在三个方面，一是重视发挥退役军人非政府组织的作用。这些组织通过不仅为退役军人提供法律、就业、医疗、生活待遇等方面的咨询和援助，大大减轻财政压力，还通过游说国会和政府，对退役军人待遇保障的政策制定发挥作用。二是采用政府签订协议或购买服务的方式委托地方公司参与退役军人就业培训。如英国退役军人的再就业由库兹顾问集团下属培训中心与就业顾问全程负责。法国也开展了类似的"陪伴工程"，为退役军人提供个性化、缜密周全的服务。三是积极开展商业保险服务。如美国国防部批准在军队营业的地方保险公司多达几十家，经营业务多种多样，弥补了军人保险制度相对单一的保险业务，增加了投保金额，使官兵有了更多选择和保障。我们国家成立社会团体组织，需要向民政部门登记。目前，民政部还未有登记的退役军人社团组织存在，地方登记的社会组织共计 351 个[1]，大部分是市县区一级的关爱退役军人协会，主要起到帮扶困难退役军人、支持退役军人创业就业的作用。

七、中外退役军人法制保障比较

法制保障方面，发达国家都非常重视退役军人管理保障法制建设。一是体现在制定了较为完备的法律法规。如德国颁布了《军人法》《退役军人法》《军人保障法》《职业培训工作促进法》等。[2] 加拿大有《退役军人事务部法》《退役军人福利法》《退役军人保险法》等 10 多部专门法律和 30 多个条例，形成了完整的退役军人权益保障法规体系。二是通过法律明确退役军人的权利与国家政府的义务，规范待遇保障的原则、内容、方式、执行以及权利受损的救济途径，既便于退役军人待遇保障的落实，也使得待遇制度比较稳定，不容易引起不同时期退役军人之间的攀比与矛盾。如美国 1944 年通过的《退役军人权利法案》和 1984 年通过的《蒙哥马利法案》奠定了退役军人教育资助的政策基础，之后只是随物价指数定期调整退役金待遇水平，但保障方式没有大的变动。"德国现行政策法规均沿袭了 1871 年《军人恩给法》和 1920 年的《退役军人文官任用法》两部法典的基本原则，不论政府更迭还是形势变化，都没有出现大的政策波动。"[3] 三是通过立法机构推动退役军人权益保障范围不断扩大。以美国为例，美国国会参众两院都设有退役军人事务委员会，属于立法机构中的专门委员会，在

---

[1] 资料来源：国家民政部网站.
[2] 山乔. 英国、德国退役军人安置概览[J]. 转业军官，2011（4）：40.
[3] 迟维政. 世界发达国家退役军人安置工作的主要特点[J] 国防，2016（4）：55-57.

推动退役军人权益保障立法中起到积极作用。过去，我们国家对退役军人进行优待保障安置的规定散见于《中华人民共和国国防法》《军人抚恤优待条例》以及地方性行政法规之中，部门化、属地化特点突出，强制性、执行力较弱，很多法规政策中都使用了"相应""视情""应当"等原则性表述，导致政策往往难以落地执行。同时，也缺少对侵害退役军人权益和荣誉的惩戒性措施与条款，难以有效维护和保障退役军人军属权益。事务部成立后，积极推动《退役军人保障法》出台，中共中央出台了《关于加强新时代退役军人工作的意见》，为退役军人管理保障工作提供了基本遵循。有关条例的修订工作也在有序展开。

八、结论与启示

退役军人待遇保障问题不仅直接关系退役军人的利益，作为国家的一种制度安排，也反映了意识形态层面的价值追求。表面上所体现的管理保障实践差异，其背后有着深厚的影响因素。无论是待遇保障模式差异，还是制度运行机制差异，事实上，都是由各国历史文化传统、战略目标导向和社会保障制度发展状况等多重因素共同作用的。通过待遇制度比较，客观看待中外待遇制度差异，是为了找准当前我国退役军人待遇制度建设的目标定位，规划近期、中期、长期的制度建设任务。

（一）退役军人待遇制度伴随国家经济社会发展逐步演进

通过上文的待遇保障模式比较，不难发现，我国与外国退役军人制度最大的不同在于外国退役军人各项待遇的享受条件通常是服役年限和功勋荣誉，因此，制度比较简单、便于操作。而我国退役军人各项福利待遇首先与身份和退役方式有关，其次才与服役年限和功勋荣誉有关。不同身份、不同退役方式的军人，其管理保障机构、所享受福利待遇都不同，所以制度条块分割，管理难度大，也容易引发攀比。

正是享受条件这个本质区别造成了我们各项制度都较外国复杂。应该认识到，这个核心差异是伴随国家发展进程中社会保障制度转型造成的，非一朝一夕可更改。计划经济时期，我国实行的是"国家—单位"保障制，由国家保障、城镇单位保障和农村集体保障三大板块组成。国家保障机关事业单位人员和军人的养老、医疗及其他福利，城镇单位保障本单位职工的养老、医疗及其他福利，农村以社队集体为单位保障本社成员医疗以及孤老残幼生活。三大制度封闭运行、板块分割、各负其责。随着农村承包责任制的推行、社会主义市场经济体制的建立以及国有企业改制，原有的"国家—单位"保障制开始瓦解，社会保障制度开始建立。但是在相当长的一段时间内，机关事业单位人员与企业职工的养老、医疗、住房等福利保障仍然是双轨制运行。城镇居民与农村居民的社会保障也是两套制度。我国退役军人制度之所以区别于国外，各种待遇保障都呈现出多种保障方式并存的混合模式，正是伴随上述国家社会保障制度转型造成的。军人服役时有军官、军士、义务兵身份之别，退役后又分别进入机关事业单位、企业、自谋职业或回农村，每一套系统都有不同的保障模式。因此，情况复杂多样，管理保障难度极大。

（二）退役军人待遇制度设计应服从和服务于国家战略目标安排

退役军人制度是国家政治制度的一部分，其制度建设必然服务和服从于国家总体战略目标。众所周知，美国是一个好战的国家，为保持世界霸权常年征战，军人伤残在所难免，因此美国高度重视退役军人的医疗保障。而较少征战的北欧国家，如瑞典、芬兰等国，对退役军人没有特别的就业、医疗等优待措施。一方面当然得益于这些国家的社会福利较好，依托国民社会保障制度就基本可以满足退役军人的需求；另一方面也是由于这些国家远离世界政治权利中心，卷入战争可能性较小，对军人也就无需特别优待保障。反观今日之中国，站在中华民族伟大复兴的历史节点上,应充分发挥退役军人在现代化建设中的重要作用。

从承接和配合好国防与军队改革来看,应积极适应军队职业化制度改革趋势,加大退役军人教育培训力度。冷战后的高技术局部战争,人力与兵器的投入较之以往大幅减少。在这一背景下,世界各国不约而同地将军队建设向"精兵、高质、高效"方向调整,军队开始向职业化方向发展。军事任务的多样性、军事技术的复杂性、作战样式的信息化,催生了军队内部专业的分化。军事职业分工趋向精细化、专业化使得军事劳动的复杂程度和机会成本进一步提高,客观上对军人的能力素质提出了更高的要求,因此,发达国家普遍重视军人的培训。这种培训是全方位的培训,从时间上来看,既有退役后的培训,也包括服役期间的培训。比如,法国军人在退役前两年就要加入陪伴计划,为退役后再就业接受职业评估和职业培训。从内容上来看,既有军事专业的培训,也有民用专业的培训。例如,德国十余所军校都专门开设有民用课程,进行军官的学历培训,国防联邦大学还设有退役军人培训部,与西门子、奔驰等大型企业签有就业协议,参加过培训的退役军人可以优先入职。正是得益于这样的培训制度,外国退役军人再就业问题能够相对顺利的解决。

从厚植社会认同和凝聚民族力量来看,应进一步完善待遇与服役贡献挂钩机制,加强待遇倾斜力度。退役军人待遇保障制度是军事人力资源政策制度的延续,对退役军人提供优质保障的目的之一是为了激励现役军人安心服役。为强化待遇制度的激励导向作用,发达国家普遍重视将服役贡献与退役军人待遇相挂钩。例如,德国给予退役军人职业教育资助时间长短和费用多少,取决于服役时间长短。差异化退役军人待遇政策不仅在退役军人群体内部起到了公平的作用,同时有效激励现役军人安心服役,多做贡献。我国退役军人待遇制度建设也应注重与服役贡献相挂钩,对退役军人在服役时由于岗位不同、任务不同、地区不同造成个体贡献差异,在退役待遇制度设计时要坚持与服役贡献挂钩的原则。树立良好的贡献导向，有利于充分发挥贡献的激励作用和荣誉的感召作用，厚植"让军人成为全社会尊崇职业"的社会认同。

（三）退役军人待遇保障应与国家社会保障制度建设相适应

社会保障制度的建立与发展既取决于一国之经济发展水平，也取决于所在国家的经济政策取向、文化传统和政治团体的博弈。因此，即便是经济体制乃至政治、社会制度相同的国家，其社会保障制度也存在巨大差异。以医疗保障为例，英国和美国同为发达资本主义国家，在社会保障制度的价值取向上却大相径庭。英国是世界上最早建立普遍性福利制度的国家，在医疗保险上采取的是国家卫生服务模式（又称全民保险制度模式）。因为建立了面向全体国民的医疗保险制度，所以英国退役军人的医疗保障采用"纳入全民医疗保险＋特殊疾病给予医疗补贴"的形式。而美国的社会保障制度是主要针对就业和少数弱势人群的特殊保障，在医疗保障上采用商业医疗保险为主的混合型医疗保障模式。由于没有建立全民基本医疗保险计划，所以美国采取的办法是大力发展军队医疗机构来保障退役军人医疗需求。由此可见，不同国家社会保障制度安排与发展水平的差异，客观上导致了退役军人社会保障项目内容与保障方式的差异。养老、医疗、就业等民生需求也是全体国民的重大关切。综观世界各国，像美国、俄罗斯、印度这样国土面积较大、人口较多、种族民族复杂的国家，都没有建立起统一的国家社会保险体系，所以退役军人保障对社会保障的依赖程度较低，军队系统的保障职责就比较重。而我们国家已经建立起了世界上规模最大、覆盖人群最多的社会保障制度体系，形成了独特的制度优势。党的十九大报告还明确要求尽快实现养老保险全国统筹、完善统一的城乡居民基本医疗保险制度和大病保险制度。完善退役军人待遇制度体系，应着眼时代改革发展大局，纳入国家社会保障制度通盘考虑，结合国情，分析退役军人管理保障可以在多大程度上借力社会保障制度，对于可以依托社会保障的部分，还需要健全哪些衔接配套的制度机制，在国家社会保障制度总原则和框架下构建，与养老保险、医疗保险、社会救助制度改革同频共振。

（四）退役军人应享有高于一般国民的待遇保障

目前，越来越多的国家实行军官职业化制度，军事职业分工趋向精细化、专业化使得军事劳动的复杂程度和机会成本进一步提高。为保持军队稳定，实施职业化制度的国家普遍重视通过优厚福利待遇解决军人后顾之忧。职业化军队的退役待遇保障项目通常都包括一次性退役金、退休金、伤残抚恤金、医疗保障、再就业培训等，项目多样、内容丰富。同时，军官职业化必然要求优厚的待遇来增强军事职业吸引力。对于一般国民来讲，最重要的社会保障项目是养老保险和医疗保险。在养老保障方面，职业化军队的一个重要特点就是大部分军人可以工作到退休，也就是说，大部分军人可以在服役15年或20年后每月享受一定资金的生活保障（即退休金），一般而言，这部分退休金占军人服役时工资收入的45%~75%，通常高于普通国民参与养老保险的养老金替代率，如英国各级军官的养老金最高额虽然在退休以前年薪的50%以下，但是由于免交个人所得税，所以实际上占到了退休前工资的60%~80%[1]。而对于英国普通劳动者，国家基本养老金和国家第二养老金的最高替代率仅为48%[2]，退役军人的养老金待遇具有明显优势。此外，大部分国家的退役军人在私营部门就业的，其再就业工资收入与军队的退休金不冲突，可同时享有。在医疗保障方面，绝大多数国家均保障退役军人和其家属在军队医院免费就诊，如美国、俄罗斯、印度。一些国家还会对退役军人的医疗给予补充保障，使其保障水平高于一般国民，如澳大利亚退役军人可以得到国家发给的医

---

[1] 山乔.英国、德国退役军人安置概览[J].转业军官，2011（4）：40.

[2] 数据来源：Pensions at glance 2011：Retirement-income Systems in OECD and G20 Countries.

疗"白卡"，费用全部由国家支付，70岁之后还可得到医疗"金卡"，保障水平比"白卡"更高。由此可见，无论采取何种待遇保障模式，退役军人享有高于一般国民的待遇保障是具有共识与民意基础的，也是符合人力资源规律与导向的。

　　总之，退役军人待遇制度是随着一国的经济社会历史不断演变的，具有深刻的制度烙印和价值导向。改革创新我国退役军人待遇制度，第一，应就制度现存问题分类解决、分层推进。在当前的制度框架下，对照国外做法，兼收并蓄，博采众长，补齐短板。比如完善服役贡献与待遇保障挂钩机制、探索设立商业补充保险等。第二，要发挥社会主义制度优势，协同国家社会保障制度改革、国防和军队有关制度改革进程，同步规划退役军人事业建设。第三，应就我国退役军人待遇制度现状、发展目标、路径选择等核心问题进行深入系统地研究，实践探索退役军人制度的"中国模式"，更好地构建和完善具有中国特色的退役军人待遇制度。1982年在党的十二大开幕词中，邓小平同志强调现代化建设不能"照抄照搬别国模式"，我们要"走自己的道路，建设有中国特色的社会主义"。建国七十多年以来，我国在各个领域取得的成就也昭示着，要结合国情，立足实事求是地解决问题。所以，国外经验可以适当吸收借鉴，却决不能照搬照抄。同时，"模式"本身是在实践探索中逐步形成和发展起来的，它也是变化、发展和不断完善的。中国特色退役军人待遇制度也应在实践探索和理论创新上不断发展完善。

第四章

我国退役军人待遇制度改革创新的总体思路

确立我国退役军人待遇制度改革创新的总体思路,是本章的核心内容。本章在制度内核理性认识、历史演进规律探索和制度现状对比分析的基础上,紧紧围绕健全工作体系和保障制度,论述了改革创新我国退役军人待遇制度的指导思想和基本原则,明确提出"五大转变"总体目标和四项基本路径,勾勒描绘了新时代退役军人待遇制度的愿景。

一、指导思想和基本原则

(一)指导思想

退役军人待遇制度改革创新,以习近平新时代中国特色社会主义思想为指导,认真贯彻落实习近平总书记关于退役军人工作体系和保障制度重要论述,以新时代党的民生保障政策为依据,以更好地服务强军目标为牵引,紧紧围绕关心关爱退役军人这一主线,立足基本国情,借鉴有益经验,着力构建体制机制顺畅、项目结构完备、水平定位科学、法治根基深厚的新时代退役军人待遇制度,以解决现役军人后顾之忧,提高退役军人市场生存能力,厚植"让军人成为全社会尊崇职业"的价值认同,为提升军队吸引力和民族凝聚力提供强大支撑。

（二）基本原则

1. 坚持强军导向

紧紧围绕党的新时代强军目标，以服务国防和军队现代化建设为导向，以扫清阻碍国防和军队改革的矛盾问题为重点，全面重建和优化保障退役军人基本生活、就业教育、权益维护、荣誉激励等方面的制度框架，使退役军人更稳定、现役军人更安心，为解放和发展战斗力提供更坚实的制度支持。

2. 坚持以人为本

牢固树立以退役军人事业为出发点和落脚点的价值取向，坚持服务和保障退役军人群体，把解决退役军人困难、合理确定和有效落实退役军人待遇作为制度建设重点，把退役军人满意度和全社会对退役军人的认同度作为检验制度成效的标准，促进退役军人群体真正成为社会主义建设的生力军。

3. 坚持待遇从优

在与国家民生保障制度相适应、与退役安置政策相匹配、与现役军人待遇政策相衔接的基础上，结合当前国家建设发展的大环境大背景，通过适当的制度设计与优化，确保退役军人待遇项目和标准水平始终优于社会平均水平，以期加快塑造"全社会尊崇"的价值认同。

4. 坚持公平公正

坚持以追求公平为重要遵循，既防止过度供给导致国家财政负担过重和"养懒汉"等高福利通病，造成退役军人与其他社会群体待遇失衡，也防止"一刀切""人均化"造成退役军人群体内部待遇失衡。要贯彻导向鲜明、适度优厚的制度理念，依据退役军人贡献大小、地区间经济社会差异以及个体特殊情况公平供给，促进待遇制度健康、平稳、可持续发展。

二、我国退役军人待遇制度改革创新的总体目标

（一）在思想理念上，由救助解困基本保障向优厚尊崇激励发展转变

退役军人待遇制度伴随国家经济社会发展逐步演进是各国的普遍做法，思想理念作为影响制度改革的最深层因素，是首要和最需要创新转变的方面。我国退役军人待遇保障制度起源于优抚制度。优抚制度长期以来以发放抚恤金与进行精神抚慰为主要形式，保障对象有限，标准水平不高，其坚持的"解困救助"和"底线思维"理念，在过去国家经济困难、物质生活贫瘠、绝对贫困普遍和保障制度不健全的时期，具有一定的客观性和历史价值。随着我国经济的飞速发展和人民群众生活水平的不断提高，"救助型"制度理念逐渐滞后，无法全面匹配退役军人待遇保障的现实需要，并且间接导致了制度边界不清、公平性受损、保障效率下降和激励作用不明显等问题。步入新时代，退役军人待遇制度建设应适应国家建设发展的要求，以思想理念创新为先导，以"保障人的生存""促进人的发展""激发人的潜力"为核心目标，以实现"优厚""尊崇""激励"为基本遵循，有效指导制度定位更加合理、制度理论更加扎实和制度体系更加优化，引领制度改革不断阔步向前。

（二）在体系设计上，由零散碎片化规范向科学体系化建设转变

退役军人待遇制度是一项系统性工程，在其演变发展的漫长岁月中，经历了逐步完善、逐渐优化的被动渐进式建构过程，各项具体制度安排间难免产生不协调甚至相互掣肘的现象。抚恤优待、转业安置、退役军人养老保险、医疗保险、再就业培训等政策制度在不同时期建立起来，目标定位与不同的人群，受特定历史背景和社会经济条件的

限制，制度设计缺乏完整性，渐进式的制度微调又受到路径依赖惯性影响，缺乏连续性。因而，呈现出城乡有别、地区有别、人群有别等特点，整个待遇保障体系"零散碎片化"。构建新时代退役军人待遇保障体系，应着眼长远，依项目结构功能不同，统筹考虑社会保险、优待荣誉、抚恤救助和再就业培训子系统建设，力争做到项目合理、衔接顺畅、覆盖全面、协同联动，实现退役军人待遇保障体系由零散碎片化规范向科学体系化建设转变。

（三）在待遇标准上，由差别多元向公平规范转变

由于我国经济社会发展不平衡，且退役军人待遇保障事权与支出责任不匹配，导致长期以来存在着城乡、地区之间的待遇差别化问题。退役军人待遇保障，在性质上，是公共产品，是国家履行向全体国民提供国防安全责任的延伸；在作用上，是保障退役军人生活和发展需要的必需品；在功能上，是连接一般公民与现役军人的桥梁。无论从哪个角度看，制度设计都需要以公平为前提。这里的公平，首要体现在其生存安全网的性质上，这就要求对所有退役军人都提供满足其生存与发展需要的待遇保障，不因地域、城乡而有所区别；其次体现在其社会稳定器的性质上，这就要求对退役军人提供优先优惠于一般国民的待遇保障，不因地域、城乡而有所区别；再次体现在其激励风向标的性质上，这就要求贡献相同即待遇相同、待遇保障与服役贡献挂钩。既坚持普惠施策又依据贡献有所差别，才能促进退役军人待遇标准由差别多元向公平规范转变，实现退役军人满意、现役军人期待、其他社会成员向往，促进军事人力资源在军地之间合理流动。

（四）在政策制度上，由依靠行政约束向依靠法律效力转变

在依法治国、依法治军的时代旋律下，退役军人待遇制度同样要贯彻依法保障、依法管理、依法办事的目标要求，筑牢公正严明、权责清晰的法治根基，用法的精神、法的品格、法的权威为制度创新赋

予强大生命力。在当前改革实践中，重点是转变制度效力的发挥方式，促进各项管理保障措施从"人治"向"法治"转变，从依靠行政效力向依靠法律效力转变，从单一的会议传达、文件落实向广泛的普法知法、守法用法转变。特别是要通过法律法规明确有关各方的权责义务和待遇保障的内容方式，让政府与个人、供给方与需求方、管理者与被管理者得以在平等的地位上和共同的预期下产生良性互动，引领退役军人待遇保障工作真正步入正规化、法制化轨道，续写谋福祉、促和谐的美好篇章。

（五）在保障模式上，由多头分散保障向集中统一保障转变

退役军人待遇保障，涉及退役军人养老、住房、医疗、再就业、教育培训、荣誉优待等诸多方面，需要国家和军队诸多部门群策群力。长期以来，我国沿用的官兵政策分离、各地保障单位分散、保障政策有别的客观情况，在一定程度上造成了退役军人待遇保障分散管理、多头负责的保障模式，造成了事实上的不公平、不合理，引发了不少矛盾和历史遗留问题。退役军人事务部的成立，有力地扭转了这一局面，自上而下建立起集中统一的领导体制和协调运行的管理机制，统筹协调所有与退役军人有关的政策、措施和协调监督，有利于提高管理保障效率，能够实现较为理想的保障效果。下一步，还应根据国防这一公共产品的特殊性，厘清不同层级政府间的责任边界，合理平衡中央与地方之间待遇保障事权与财政负担的关系，使得退役军人待遇保障真正成为一种高效优质国家行为，有效规避政策上的冲突和资源上的浪费，确保退役管理工作顺畅运行，最大限度地实现退役军人待遇保障体系的公平合理。

三、我国退役军人待遇制度改革创新的基本路径

本书第一章分析了退役军人待遇制度的三对内在矛盾，这三对矛

盾源自待遇制度的四种属性，是其内在固有的。分析这三对矛盾的方法论意义在于准确把握我国退役军人待遇制度改革创新的基本路径。其中，供给与需求的矛盾源自待遇制度的准公共产品属性和权利义务一致性，其实质是经济基础内部的矛盾，反映了需要与可能的内在联系，指导我们合理确定退役军人待遇结构；公平与效率的矛盾源自退役军人待遇制度的政治属性和社会属性，其实质是上层建筑内部的矛盾，反映了目的与结果的内在联系，指导我们掌握和判断待遇供给的合理区间；保障能力与保障关系的矛盾源自退役军人待遇制度的准公共产品属性和政治属性，其实质是经济基础与上层建筑的矛盾在退役军人待遇制度变迁上的集中体现，指导我们建立和完善与保障能力相适应的体制、法制，以理顺待遇保障关系，促进保障效能发挥。以这三对基本矛盾的方法论意义为指导，本章提出了我国退役军人待遇制度改革创新的四条基本路径。

（一）优化"统管统筹、运行高效"的退役军人待遇管理保障体制

管理保障体制是改革创新退役军人待遇制度的基础支撑。管理保障机构健全、运行机制顺畅、保障主体权责清晰，待遇保障政策才能有效落实。着眼有效整合全社会服务保障资源、理顺政府间权责关系、衔接国防与军队改革，在管理体制层面，本书提出要将基于静态分配的结构性要素和动态运转的机制性要素综合考量，统筹规划保障资源、合理配置行政权力、积极推动多元共治，最大限度发挥保障效能。

优化"统管统筹、运行高效"管理保障体制的基本思路是：在决策审议层，发挥统管统筹优势，健全偏好显示机制。包括有效发挥领导小组统筹、协调、督导作用和研究设立全国人民代表大会退役军人专门委员会两项具体措施。在管理执行层，理顺权责关系，优化财力配置。按照机构间的横纵关系，提出三条具体措施：一是建立退役军人事务部门与相关政府部门之间沟通顺畅、配合默契的工作机制；二

是理顺不同层级之间退役军人部门的权责关系;三是优化退役军人事务部门内设机构。在服务保障层,拓展机构职能,丰富服务形式。包括三项具体措施:一是进一步加强保障机构力量建设和作用发挥;二是探索政府购买服务等形式多样的待遇保障方式;三是引导培育退役军人团体。

(二)构建"覆盖全面、精准惠及"的退役军人待遇结构体系

结构体系是退役军人待遇制度的重要组成部分,是实现待遇制度创新的主体工程,也是实现待遇制度功能最大化的重要依托。着眼有效保障退役军人生存与发展需要,突破传统保障难点,本章提出构建集"托底解困的抚恤救助制度、有力支撑的补充保险制度、优质实用的就业培训制度和普惠施策的荣誉优待制度"四个子项目为一体的新型待遇结构体系,力争做到项目齐全、功能完善、覆盖广泛,同时重点突出、指向明确、范围周延。

构建"覆盖全面、精准惠及"待遇结构体系的基本思路是:在托底层,优化托底解困的抚恤救助制度。主要设计了为死伤病残和有特殊贡献的退役军人及其家属提供抚恤赈济,以及为受灾意外及其他经济社会原因致贫致困的退役军人及其家属提供过渡性帮扶的项目内容。在中间层,建立有力支撑的补充保险制度。主要设计了面向职业退役军人(即除义务兵外的退役军人)所提供的社会基本保险制度之外的补充养老保险、医疗保险、住房公积金、长期护理保险和互助救济保险等项目内容。在核心层,完善优质实用的就业培训制度。主要设计了面向除离退休安置之外的退役军人提供的优先保障、税收减免、贷款支持等教育培训和就业创业项目内容。在拔高层,重构普惠施策的优待荣誉制度。主要设计了面向所有退役军人及其家人(重点是对国家、军队和人民有突出贡献的退役军人)所提供的公共服务费用减免、基本生活设施优先享用等项目内容。

（三）建立"适度优厚，导向鲜明"的退役军人待遇水平定位机制

水平是衡量退役军人待遇制度建设的重要标尺。在水平上划定边界、确立标准，有利于引导各方形成合理预期，凝聚社会共识，也有利于客观评测政策实施效果，推动退役军人事务治理现代化。着眼满足退役军人合理需求、适应国家经济水平发展、顺应民生保障发展大势，本章提出退役军人待遇要在整体上适度优厚于社会平均水平，同时坚持优待导向、能力导向和贡献导向，力争实现退役军人与其他社会群体之间的帕累托最优。

建立"适度优厚、导向鲜明"待遇水平定位机制的基本思路是：在考察理念上，采用阿玛蒂亚·森的可行能力分析视角，坚持以人为本的导向，用"可行能力"作为识别和评价退役军人待遇水平的信息基础；在指标体系构建上，全面覆盖待遇供给、待遇需求和待遇功能三个维度，重点保障守底线、防风险、促发展、树导向目标的待遇项目；在指标权重的确定上，运用网络层次分析法，探寻指标之间的内部关联，特别是其相互转化、联动和替代作用，将指标体系还原成一个连续完整的谱系来综合衡量退役军人待遇制度的水平。

（四）筑牢"公正严明、权责清晰"的退役军人待遇法治根基

法治是退役军人待遇制度长效发展的重要保障，是有效维护退役军人合法权益的前提，也是各级退役军人事务部门开展工作的依据。着眼解决当前法治精神薄弱、法律体系不健全、权责关系不清晰等矛盾问题，本章提出改革创新退役军人待遇制度，要在法治保障上实现公平正义、整肃严格、权责清晰。

筑牢"公正严明、权责清晰"退役军人待遇法治根基的基本思路是：在立法环节，制定立法纲要、搞好顶层设计，有序建立健全法律、

行业法规、地方法规、行业规章及规范性文件组成的法规体系；在执法环节，各级退役军人事务管理机关及内设机构职责清晰、分工明确，依法行政、合理行政；在司法环节，建立法律援助机制，帮助退役军人使用法律武器维护自身合法权益，对损害退役军人权益的行为要坚决予以打击，促进司法公正；在守法环节，建立个人诚信机制，引导退役军人自觉守法，坚定捍卫法律权威，珍惜国家给予的优待和荣誉。

第五章

优化"统管统筹、运行高效"的退役军人待遇管理保障体制

管理保障体制是退役军人待遇制度的基础支撑。管理保障机构健全、运行机制顺畅、保障主体权责清晰,待遇保障政策才能有效落实。本章从解析"统管统筹、运行高效"退役军人待遇管理保障体制的基本要义入手,分析了优化管理保障体制的主要依据,从决策审议、管理执行和服务保障三个层面分析了优化管理保障体制的具体措施。

一、"统管统筹、运行高效"退役军人待遇管理保障体制的基本要义

所谓"统管统筹",是指将退役军人待遇保障集中统一管理、通盘全局筹划。主要体现在决策体制、审议体制和执行体制上。在决策体制层面,持续加强党的领导,由中央退役军人事务领导小组总体设计、总体布局、统筹协调。在审议体制层面,在全国人民代表大会设立退役军人立法专门委员会,完善立法、及时修法、监督执法。在执行体制层面,由退役军人事务部及其延伸机构统一推进全国退役军人管理保障工作。

所谓"运行高效",是指退役军人待遇保障运转协调、执行顺畅、协同高效。主要体现在资源配置机制、资金运行机制和沟通反馈机制

第五章　优化"统管统筹、运行高效"的退役军人待遇管理保障体制

方面。在资源配置上，充分发挥政府和市场的双重积极性，多元主体协同治理。在资金运行上，合理配置行政权力，理顺政府间权责关系，规范转移支付制度，提高财政保障效率。在沟通反馈上，充分发挥保障机构职能作用，搭建起退役军人与党组织、退役军人与管理保障机关、退役军人与社会的桥梁，提高政策供给的精准度和有效性。

党的十八大以来，党中央作出组建退役军人管理保障机构的战略部署，目前退役军人组织工作体系已基本建成，形成了"三驾马车"同向发力的有利局面，初步筑牢了新时代退役军人待遇制度建设的基础。但待遇管理保障体制不是静态的，而是动态发展的。优化"统管统筹、运行高效"退役军人待遇管理保障体制，就是要以合理高效的资源配置方式和协调有序的组织架构推动待遇制度自体良性循环。背后的核心理念是从公共产品有效配置的角度来看待政府职能定位和作用发挥。要想推动形成退役军人事务部门主导、社会多主体广泛参与，分工合理、优势互补的退役军人待遇制度供给体系，就要正确认识政府部门提供公共服务时的角色和方式。对于待遇制度这样具有福利性质的准公共产品，除了政府直接提供，还可以通过税收或补助等手段转让给市场或公共组织来提供，政府主要作为"监管者"和"调节者"。私营组织具有效率优势，第三方公共组织具备认同优势，他们参与到退役军人待遇保障中来，既有利于减轻政府的负担，更有利于满足退役军人多样化需求。蒂布特（Tiebout）的用脚投票理论、奥茨（Oates）的分权定理和特里希（Treasch）的偏好误识理论也都说明地方政府较中央政府更了解本地居民的公共产品偏好和需求。因此，应由退役军人事务部来制定保障原则、保障项目和基准标准，然后由各地方政府结合供给能力与需求偏好来细化保障内容与形式，因地制宜地安排财政支出和落实管理保障责任。总之，"统管统筹、运行高效"的退役军人待遇管理保障体制，应该是融"集中、权威、高效"三位一体的新型管理体制。统筹设计政策制度改革的长远规划和实施方案，集中管理退役军人基本货币待遇和就业、医疗、住房、子女教育等保

障措施，定期研究和评估各项政策制度运行情况，多方参与，合力共为，从体制上为待遇制度的顺畅运行和落地见效夯实基础。

二、优化"统管统筹、运行高效"退役军人待遇管理保障体制的主要依据

优化管理保障体制是改革创新退役军人待遇保障制度的首要前提，是确保退役军人待遇政策有效落实、促进退役军人管理保障效能持续提升的重要保证。推进退役军人治理体系和治理能力现代化、有效整合全社会服务保障资源、理顺政府间权责关系都要求优化"统筹统管、运行高效"的退役军人待遇管理保障体制。

（一）着眼提升资源保障效率，应优化"统管统筹、运行高效"的待遇管理保障体制

退役军人事务部的成立是退役军人待遇管理保障体制机制变革的里程碑。目前，上下贯通的行政机构已经组建完毕，管理保障资源的集中统一从根本上扭转了过去机构分散、职责交叉、令出多门的局面。但究其根本，退役军人事务部及其延伸机构是国家行政机构的组成部分，其职责权限和作用发挥应在党的领导之下、法律范围之内，其资源配置能力和效率也不是无限的。退役军人管理保障涉及军地之间、地方各部门之间的利益，退役军人待遇涉及与现役军人、其他社会群体待遇的平衡，涉及面广、关系复杂、敏感度高，仅凭事务部一个行政机构作为待遇供给主体难以实现资源保障效率的最大化，还应在"集中统一"的基础上更进一步，推动形成党的统管统筹与多元主体的合力共为。

从提升资源保障效率的角度看，目前管理体制上还存在三个短板：一是缺少一个立法常设机构。完善立法、及时修法、监督执法是退役军人待遇得到有效保障的重要前提。退役军人享有的权利随着国家政治、经济、社会、文化的变迁而不断变化。各级退役军人管理保障部

门要依据法规制度规定来行使其职权。将党的主张变成国家意志，也需要经过国家立法机构确认并完成相应立法程序。可以说，退役军人待遇保障离开法治寸步难行。立法机关设有常设机构是实现退役军人待遇法治化的组织保证，我国目前是缺位的。反观美国众议院、参议院都设有退役军人事务委员会。学者王书峰认为，"参众两院退役军人事务委员会两个常设机构的存在，为相关退役军人法案的制定、修正提供了重要的组织保证"。二是服务保障机构力量有待加强。目前，我国已建立了63.5万个退役军人服务站，原有的军官培训中心、优抚医院、光荣院等服务机构也已经完成转隶，这些事业单位作为服务保障工作"最后一公里"，应起到政策咨询、信息沟通、帮扶援助的作用。但从实际情况来看，由于历史原因，这些单位发展较缓慢、保障能力和作用有限、各省市发展状况也很不平衡。以优抚医院为例，据统计，截止到2017年底，仅残疾军人、"三属""三红"、在乡老复员军人、带病回乡退伍军人、参战参核退伍军人等重点优抚对象就有857.7万人，而我国现有优抚医院仅有98家，床位3.3万个[①]，且大部分优抚医院长期以来都是公共医疗系统的"边缘地带"，经费投入不足、技术力量薄弱、整体服务水平较低，保障能力十分有限。三是社会组织参与退役军人待遇保障的机制有待健全。从国外经验来看，企业、社会团体和志愿者机构等第三方力量是退役军人服务保障的重要补充。如英国从1998年起与库兹顾问集团签订合作协议，该集团下属多家公司帮助培训退役军人使其获得公认的学历并联络就业机会。法国也开展了类似的"陪伴工程"，为退役军人提供个性化、缜密周全的服务。长期以来我国"强政府—弱社会"的格局使基层治理力量薄弱，应通过退役军人事务部门向社会力量赋权增能形成优势互补、协同治理的格局，提高保障效能。

---

① 数据来源：2018年统计年鉴（国家统计局官方网站）和2017年社会服务发展统计公报（国家民政部官方网站），优抚医院转隶移交退役军人事务部门后，还未更新统计数据。

（二）着眼理顺政府间权责关系，应优化"统管统筹、运行高效"的待遇管理保障体制

机构间职权的分配及是否协调直接影响管理保障效率。政府作为退役军人待遇的核心供给主体，事权与支出责任的合理划分是优化管理保障体制机制的重中之重。目前，退役军人管理保障事权划分和支出责任划分都还不同程度存在着不清晰、不合理、不规范的问题。主要表现在以下三个方面：一是事权重心层层下移。在我国单一制国家结构的形式下，政府在纵向的职能、职责和结构设置上高度一致。这种"职责同构"的纵向权力配置容易造成决策权向上集中，执行责任层层下移，县级政府成了退役军人待遇保障的实际责任主体（表5-1），这与财政分权理论是不相符的。二是资金保障效率低下。正是由于事权的责任下移导致了支出责任的分散化，相应带来了资金保障效率的低下。也进一步阻碍了人口的合理流动，还容易造成退役军人之间不合理的待遇差距与非理性的利益攀比。三是转移支付制度不规范。目前的转移支付还没有起到调节省市间差距的作用，统筹能力较弱，造成兵役负担重的省份财政责任也更重。且由于政府层级多，资金流转环节相应也多，各级财政审批程序又不尽相同，使转移支付效率较低。因此，应进一步明晰各级政府应当承担的退役军人保障责任，包括财政责任、管理责任、监督责任等，并将这些责任真正落实到相应的层级及其政府职能部分，建立起权责清晰、财力协调、区域均衡的保障关系，提高制度运行效率。

表5-1 山东省退役军人事务保障权责分配统计表　　单位：项

行政主体	山东省退役军人事务厅	济南市退役军人事务局	平阴县退役军人事务局
事权种类	事权数量		
行政处罚	0	1	4
行政给付	2	4	13

续表

行政主体	山东省退役军人事务厅	济南市退役军人事务局	平阴县退役军人事务局
事权种类	事权数量		
行政确认	1	1	1
行政奖励	1	1	1
其他行政权力	6	7	10
公共服务	5	5	5

资料来源：山东省政府、济南市政府、平阴县政府网站政务公开栏。

（三）着眼衔接国防和军队改革，应优化"统管统筹、运行高效"的待遇管理保障体制

兵役制度是退役制度的先声。现役军人待遇制度安排深刻影响着退役军人待遇保障方式。组织机构应保障职能而设，因此，国防和军队改革不鸣金收兵，退役军人管理体制就应持续优化。现行退役军人事务部内设机构如图5-1所示。从当前实际来看，组织架构与目前的职能任务是基本匹配的。我国行政体制改革的一大特色是渐进式变革与阶段性跨越相结合。现行的退役军人待遇制度，是一个典型的渐进式制度建构与变革过程的产物。以渐进的方式推进改革有利于在维持整体稳定的情况下逐步消化矛盾问题，但是行政体制容易形成对渐进式变革的路径依赖。比如，目前设置的移交安置司、军休服务管理司具有典型的"中国特色"，是我国按身份不同给予不同退役待遇的历史产物。基于身份地位、基于城乡差别享受不同退役待遇有违公平正义，与国家治理现代化要求不符，与军官职业化制度改革趋势也不相符，势必要随着政策制度深化逐步退出历史舞台。完善和发展中国特色社会主义军事制度，要求重塑军事力量建设政策制度，加强军事人力资源制度体系设计，深化军官职业化制度、文职人员制度、兵役制度等改革，统筹军队各类人员制度安排。退役军人待遇保障方式也一

定会随着国防和军队改革进一步调整。因此，当前的管理体制也应随着职能任务调整继续优化。

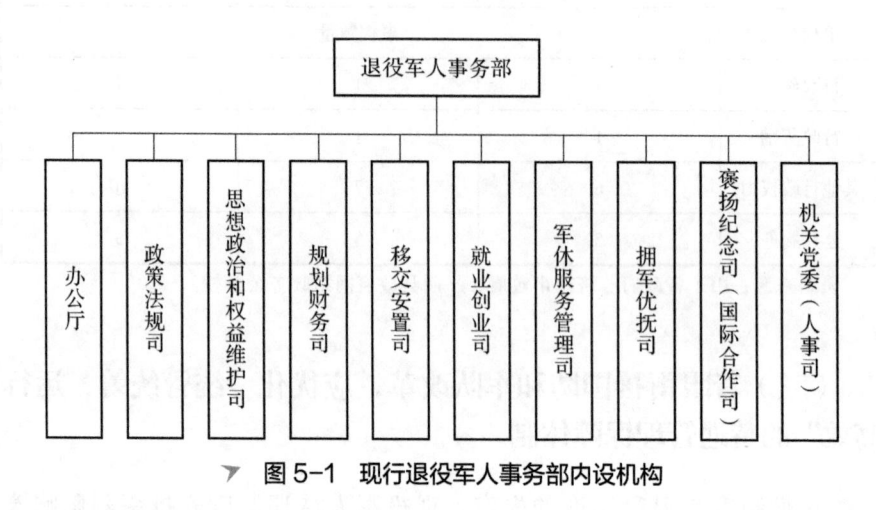

```
                    退役军人事务部
  ┌────┬────┬────┬────┬────┬────┬────┬────┬────┐
  办   政   思   规   移   就   军   拥   褒   机
  公   策   想   划   交   业   休   军   扬   关
  厅   法   政   财   安   创   服   优   纪   党
       规   治   务   置   业   务   抚   念   委
       司   和   司   司   司   管   司   司   （
            权                    理       （   人
            益                    司       国   事
            维                             际   司
            护                             合   ）
            司                             作
                                           司
                                           ）
```

▶ 图5-1 现行退役军人事务部内设机构

三、优化"统管统筹、运行高效"退役军人待遇管理保障体制的具体举措

习近平总书记强调，"我们说坚定制度自信，不是要固步自封，而是要不断破除体制机制弊端，让我们的制度成熟而持久"。进一步优化退役军人管理保障体制就是要将基于静态分配的结构性要素和基于动态运转的机制性要素综合考量，统筹规划保障资源、合理配置行政权力、积极推动多元共治，最大限度发挥保障效能。"统管统筹、运行高效"的退役军人待遇管理保障体制架构如图5-2所示。

（一）在决策审议层，发挥统管统筹优势，健全偏好显示机制

按照提供公共产品的过程来分工，把决策权、执行权、监督权交给不同的部门负责，有利于减少部门间协调成本、制约部门权力利益

第五章 优化"统管统筹、运行高效"的退役军人待遇管理保障体制 | 105

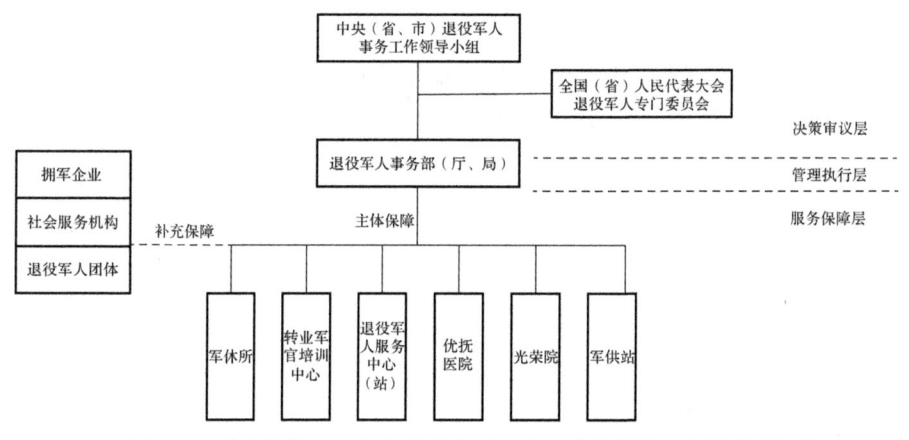

▶ 图 5-2 "统管统筹、运行高效"的退役军人待遇管理保障体制架构

化、提高决策的科学性和公正性。因此，在决策审议层，除了提高退役军人事务部门的领导能力，还应持续加强党的统管统筹和人大的立法与监督工作。这同时也是减少退役军人待遇供给非适用性或非均衡性的重要保障。与私人产品的需求表达不同，公共产品的集体偏好显示长期以来都是一个难题。在实际工作中，党的领导小组对重大问题决策，往往多次召开座谈研讨，在集中全党智慧的同时，广泛征求相关领域专家学者和社会各界人士意见，使决策具有高度的民主性和科学性。同时，全国人大代表广大人民行使政治权力，其开展工作的过程，同时是民意表达的过程。通过党的领导小组和全国人大的工作，能够比较民主公正科学地显示需求偏好，防止供给侧的政府失灵。在决策审议层，发挥统管统筹优势，健全偏好显示机制，应重点做好以下两点。

1. 有效发挥党的领导小组统筹、协调、督导作用

领导小组具有优化资源配置、协调部门联动等特殊优势，是中国特色社会主义的重要制度机制。目前，党中央成立了中央退役军人事务工作领导小组，各省市党委也陆续成立了退役军人事务工作领导小组，为持续加强党对退役军人事务的全面领导奠定了良好的制度基础。为统筹推进退役军人待遇制度建设，领导小组应加强调查研究和组织协调，进一步提升科学决策质量。

一是统筹规划。发挥社会主义制度集中力量办大事的优势，通过领导小组对退役军人事务进行顶层设计和战略规划。退役军人作为党和国家的宝贵财富，作为受党教育听党指挥的坚强力量，应成为社会主义现代化建设和中华民族伟大复兴的生力军，而不仅仅是被保障、被优待的对象。具体而言，就是将退役军人统筹规划到"新基建""一带一路"、乡村振兴、环境治理、风险防控发展等国家战略中去。通过高层次的战略规划与引导，充分发挥退役军人作用，这是提高其社会地位与待遇保障的根本途径。

二是协调推进。退役军人待遇制度目前还处在改革攻坚期，在制度定型前，各项改革措施的出台都具有跨部门、跨地域、战略意义深远等特点。因此，特别需要领导小组统筹协调，整体推进，才能有效克服部门主义、本位主义、地方主义的局限，进而确保整体性和战略性目标的实现。从目前来看，各省（区、市）退役军人事务工作领导小组组长基本由省（区、市）委书记担任，小组成员包括退役军人事务部门、民政部门、人社部门、公安部门等领导成员，基本涵盖了退役军人待遇保障的所有政府主体，有效减少了部门间利益冲突带来的博弈成本。由于领导小组内的成员都在相关职能单位具有职务权力，通过小组将他们临时性纳入"退役军人责任—利益"共同体中，可以有效在"条"（各大部门）和"块"（各党政部门）之间形成一种"责任纽带"关系，因此能够最大限度发挥协调作用。

三是督促落实。领导小组通过调查研究、座谈研讨、专家咨询等形式深度参与政策制定的前后各阶段，对政策内容和实际情况都十分熟悉。因此，在政策实施后，领导小组还应继续发挥这一优势，对政策执行情况进行督促落实、督导检查，既能有效保障政策落地施效，还有利于收集反馈情况，对相关政策研究起到积极作用。

2. 研究设立全国人民代表大会退役军人专门委员会

我国的人大专门委员会只是协助全国人大及其常委会行使职权的

常设机构，不是权力机关，没有独立的审议权与监督权，其职责范围主要是协助人大及其常委会拟定和审议法律案，处理人大代表议案、建议和批评意见以及开展监督等。全国人大目前设有民族委员会、华侨委员会、社会建设委员会等10个专门委员会。从退役军人待遇涉及的内容来看，应由社会建设委员会牵头负责，但从目前公布的职权范围和工作重点来看，社会建设委员会主要关注妇女、儿童、残疾人等社会弱势群体的权益保护。退役军人与这些群体相比较，人数更为庞大，历史遗留问题更多，保障现状与待遇需求之间的矛盾也更为突出，因此更需要有专门的立法机构进行保障。《退役军人保障法》和《中华人民共和国军人地位与权益保障法》都是由国务院和中央军委共同提请审议的。从长远看，为有效保障退役军人合法权益、有力支持国防和军队建设、有效监督退役军人事务部门履职尽责，有必要研究设立全国人民代表大会退役军人专门委员会。其职责主要包括：

一是协助人大主导退役军人立法。退役军人专委会应当就涉及到退役军人权益保障的综合性、全局性、基础性问题向全国人大常委会提出法律案。专委会的提案权使其能够站在中立客观的立场上考虑问题，有效防止部门利益法制化。专委会还应初步审议常委会交付的关于退役军人的法律案草案，在充分调研的基础上，按照职责对国务院或中央军委提出的立法建议项目进行科学论证评估，并向主席团或常委会提出审议报告。

二是协助人大常委会开展调查研究。专委会应为代表提出议案和建议批评意见提供服务，还应对全国人大常委会办事机构交由"一府两院"承办的涉及退役军人切身利益、代表反映比较集中应当重点办理的建议、批评和意见进行跟踪督办。

三是对法规进行备案审查。要加强对退役军人法规内容的审查，主要是审查该法规是否与宪法或者法律相抵触、是否超越法定权限、其制定过程是否违反法定程序等。目前，涉及退役军人权益的法规内容还有互相冲突的部分，给退役军人待遇保障实践带来了很大困难。

特别需要由专门委员会统一进行审查，及时进行修订。

四是开展调查研究和执法检查。退役军人专门委员会应定期就退役军人普遍关注的热点难点问题展开调查研究；应对常委会要听取和审议的涉及退役军人的重大事项报告展开调查研究；还应对存有争议的退役军人法律案件进行调查研究。

（二）在管理执行层，理顺权责关系，优化财力配置

从理论上讲，与市场失灵不可避免一样，政府在克服市场失灵的过程中也不可避免地产生政府失灵现象。主要表现在公共政策达不到预期目的、公共产品低效供给和干预市场活动导致的负外部性等。在退役军人待遇供给上，为最大限度避免政府失灵，就要建立良好的府际协同机制和资金运行机制。居于管理执行层的政府机构是退役军人待遇供给的核心主体，除了纵向上按层级设置的退役军人事务部及其延伸机构外，还包括横向上涉及退役军人待遇保障的其他政府部门。按照横纵关系可从以下三个方面具体展开分析。

1. 建立起退役军人事务部门与相关政府部门之间沟通顺畅、配合默契的工作机制

退役军人待遇保障的救助、就业、养老、教育、住房、医疗等工作涉及民政部门、人力资源与社会保障部门、教育部门、住房建设部门、国家卫生与健康委员会等多个部门。因此，要加强退役军人事务部门与相关部门的沟通联系，确保退役军人所享受的优待政策与国家民生保障政策有效接续、类比占优。积极推进退役军人待遇保障融入国家经济社会发展五年规划和相关部门重大专项规划中，使退役军人保障工作乘势顺风远航。

2. 理顺不同层级之间退役军人部门的权责关系

纵向上退役军人事务部门之间权力与资料分配得当是待遇制度高效运转的前提。从目前来看，军人退役后享有属地化的保障，而我国地区间、城乡间经济发展水平差异较大，导致现行政策和待遇保障水

第五章　优化"统管统筹、运行高效"的退役军人待遇管理保障体制 | 109

平呈现出明显的地区差异，容易在退役军人之间触发不合理的待遇攀比和非理性利益诉求。因此，应进一步理顺政府间权责关系。可从以下几方面着手：

一是优化纵向上的机构设置。从理论上讲，上下级退役军人事务部门之间也存在委托—代理关系，各代理主体都不免追求自身的利益最大化，代理层级越多，信息传递速度越慢，信息失真概率越大。理论界对此问题有划小省级区域的探讨，实践中也有省直管县的探索，在大数据和电子支付等信息技术越来越发达的当下，对退役军人的待遇保障也可采用缩小中间层级的办法来进一步优化机构，提高保障效率。具体可采用缩减地级市一级的退役军人事务局编制，加大基层退役军人服务中心（站）的人员力量投入的办法来探索。此外，为发挥地方积极性，可探索依地区保障任务实际来差异化设置机构和编制，这有利于控制机构人员膨胀，也更符合地域保障实践的要求。

二是合理划分各级退役军人事务部门事权与支出责任。要想产生分工明确、互动良好的央地关系，就要以退役军人待遇供给为核心来分配事权与支出责任。减少委托事权与共同事权，对于外溢性强、影响全局的中央性公共产品，比如退役军人养老待遇、抚恤金、优待金等，应由中央提供；对于地方性公共产品，特别是与当地民生密切相关的补充性保障项目如退役军人就业创业、为优抚对象提供的各类文旅优待、便民服务等，应由地方政府提供，以更好满足不同地区退役军人的差异化需求。还要推进事权法定化，避免出现划分不清、表述模糊、难以执行等问题。

三是完善转移支付制度。事权具有统一性的同时，也具有一定的地域性。特别是在我国这样幅员辽阔，自然环境和经济发展水平差异较大的国家，兵源大省往往是经济欠发达地区，这就导致地方政府在当地退役军人待遇保障上更加"力不从心"，导致中央政府制定的退役军人优待政策难以落地见效，进一步引发退役军人之间的待遇攀比。因此，中央政府和省级政府应发挥统筹协调作用，完善转移支付制度，加大对经济欠发达地区的财政支持力度，实现区域公平以及财政可持续目标。

3. 优化退役军人事务部门内设机构

内设机构应依职能设置并随着任务变化动态调整。当前的内设机构与人员编制是基于前期退役军人保障所进行的物理整合，还要根据管理保障实践进一步优化。比如，军官职业化制度落地后，退役安置方式可能会发生较大变化。当前事务部体系架构中规划财务司与就业创业司的任务可能会加重，退役安置司的任务可能相应减轻。再如，随着军队练兵备战强度的加大和应急处突、救灾救援以及海外军事行动的增多，伤病残退役军人的数量可能会增加，是否有必要增设医疗保健管理司来满足退役军人的医疗需求，这些问题都要随着实践要求进一步探索。

（三）在服务保障层，拓展机构职能，丰富服务形式

政府是提供公共产品的主体，但政府提供公共产品可以有多种形式，不一定直接参与，也可通过法律或税收手段对市场主体供给公共产品的行为加以影响。政府由"生产者"转换为"合作者""监管者"，既能充分发挥市场主体的活力，也能在一定程度上矫正政府失灵，从而有效提高待遇供给效率。因此，在服务保障层，要通过政策引导市场主体积极参与退役军人待遇供给。这一层次的退役军人服务保障机构、社会拥军企业与第三方组织，是退役军人待遇制度落实的末端环节和一线主体。因此，要进一步拓展服务保障机构职能、丰富待遇供给形式、扶持培育退役军人团体，实现待遇保障的多元治理。可从以下几方面着力。

1. 进一步加强保障机构力量建设和作用发挥

各级政府管理的退役军人服务中心（站）、优抚医院、光荣院、军休所等机构是退役军人服务保障的主要依托。下一步，应按职能作用整合归并部分机构，拓展业务范围，推动升级改造，促进职能转型，

进一步发挥好这些机构的服务保障作用。

一是加强退役军人服务中心（站）建设，发挥其综合保障作用。退役军人服务中心（站）是管理保障的基层战斗堡垒，是连接退役军人与党和国家的重要纽带。从职能范围看，几乎承担了涉及退役军人待遇方方面面的工作。基层服务站人少事多的矛盾比较突出，下一步，可考虑将军休所的人员编制纳入服务中心（站），对军休干部的服务保障由服务中心（站）一并安排。此外，应结合前期数据采集工作，加强全国退役军人服务中心数据平台建设，将党和国家的方针政策、就业创业项目推介、网上招聘信息、职业技能培训、需求诉求上报等融为一体，既便于退役军人自行查询了解政策，减轻基层服务站重复工作量，也能将退役军人的民意诉求及时上传，为决策提供精准参考。

二是推动优抚医院分级分类发展。各省市现有的优抚医院、荣军医院、退役军人精神专科医院以及光荣院的发展很不平衡，且大多数基础设施薄弱、人员与经费紧张，不能很好发挥其应有作用。应按照功能作用，推动优抚医院分级分类发展，力争形成以综合医院为核心、专科医院为支撑、光荣院为辅助的区域化辐射式退役军人医疗服务保障体系。首先，应以省会城市现有优抚医院为基础，加大财政投入力度、扩建基础设施、充实医疗力量，建设辐射一定区域的退役军人大型综合医院；其次，应借鉴发达国家普遍重视退役军人精神及心理创伤疗愈的有关做法，建设特色鲜明的退役军人精神专科医院；再次，要扩充光荣院力量，确保应集中供养的一级至四级残疾军人、无人供养的烈军属能够入院护理、休养、康复。

三是拓展转业培训中心职能范围。目前，转业培训中心主要针对转业军官上岗前的业务培训，部分培训中心设有复退军人学历提升教育培训（自考）内容，总体来看还比较单薄，与国家推行的终身教育理念和广大退役军人需求还不相符。下一步，应加强培训中心与地方院校交流合作，拓展转业培训中心职能范围，构建集转业军官岗前培训、就业创业政策指导与技能培训、专业技术人员专业技能提升培训和退役士兵职业技能订单式培训于一体的综合培训体系。

2. 探索政府购买服务等形式多样的待遇保障方式

萨瓦斯指出,"一些公共产品,单纯由市场供给不能满足效率要求,政府必须进行承担。在这种情况下,政府可以通过某些制度安排来模拟市场机制。常见的方式有:拍卖供应产品的权力、凭单制和政府间协议"。[①] 积极引入市场多元化保障是实行市场经济国家退役军人待遇保障的有益经验,在我国地方政府中也取得了一些良好的实践效果,值得推广和进一步探索。可从以下几方面展开:

一是就业培训与指导外包。随着专业分工精细化和就业形态多元化的发展,市场上出现了越来越多的专业人力资源公司。这些公司与用工企业之间有紧密的合作关系,能够及时掌握市场就业信息与优质就业机会,是就业服务供需双方的重要桥梁。将退役军人就业培训外包也是外国制度建设的有益经验,如本书第三章提到的英、法等国的有益做法。借鉴这些经验,下一步可探索由政府签订协议,将部分退役军人的就业与培训外包给人力资源公司,由专业的人力资源顾问开展陪伴式个性化的就业与培训指导服务。

二是居家养老与照护。随着老龄化的加剧和养老质量要求的提升,社会上出现了许多日间照料机构和养老服务驿站,在这方面采取政府购买服务的形式,可以有效缓解优抚医院、光荣院和退役军人服务站人少事多的矛盾。我国地方政府在这方面也有一些实践探索,比如,浙江省丽水市民政局就根据上级要求为优抚对象购买了社会服务,社会组织根据优抚对象享受的补贴金额换算成服务时间,为服务对象提供专业个性化服务,优抚对象足不出户就能享受到专业的养老服务。下一步,可由国家(省)退役军人服务中心统一对社会上的养老服务机构进行筛选和评定,出台符合要求的照护机构名录,对服务种类、

---

① ES萨瓦斯.民营化与公私部门的伙伴关系(中文修订版)[M].周志忍,译.北京:中国人民大学出版社,2017:61-63.

时长和价格范围等进行规范，便于基层操作，也利于统一监管。

三是体检与疗养。对重点优抚对象的体检与休养本应由优抚医院进行保障，但目前来看，各省市优抚医院发展很不平衡，个别西部省市优抚医院基础设施和诊疗水平非常薄弱，在这些地区建设完善优抚医院的同时可探索从社会上的医疗体检机构购买服务券，满足优抚对象体检需求。同时，充分发挥我国地大物博、气候多样的优势，开展政府间合作，推动候鸟式疗养，这既能有效提升优抚对象满意度，也利于不同地区的优抚机构展开交流合作，共同提升保障水平。

3. 引导培育服务保障退役军人的社团组织

党的十九届四中全会指出，"发挥群团组织、社会组织作用，发挥行业协会商会自律功能，实现政府治理和社会调节、居民自治良性互动，夯实基层社会治理基础"。[①] 退役军人群体与其他社会群体的一个显著区别是，退役军人有很强的组织纪律观念，也有很强的组织管理能力。合理把控和运用这个特点就能转化为党和国家治理的有益补充。退役军人团体既有宗旨优势又有认同优势，合理引导与培育，推动形成优势互补、资源共享、联合发展的局面，使其成为待遇保障主体的强力补充，能够促进退役军人自治与互帮互助，还能通过回馈社会进一步加强拥军优属的氛围。目前，已相继成立了优抚医院联盟、就业创业促进会等组织，还可以从以下几方面进一步完善：

一是成立退役军人志愿者协会。充分发挥广大退役军人优势特长，成立志愿者协会，为退役军人回馈社会搭建平台。可下设医疗服务队、修理服务队、抢险救灾队等。日常定期为社会居民提供义诊查体、健康讲座、电器修理等诸多生活服务。在突发自然灾害时，组织退役军人开展人员搜救、交通疏导、卫生防疫、心理疏解等工作，支援抢险救灾。

---

① 中共中央关于坚持和完善中国特色社会主义制度推进国家治理体系和治理能力现代化若干重大问题的决定 [M]. 北京：人民出版社，2019：30.

二是成立退役军人企业家协会。据北京大学刘明兴教授的调研数据，我国"由退役军人担任高管的上市公司共计1720家，在全部上市公司中的占比为12.63%。但是退役军人创业者和就业者之间的反哺作用微弱，退役军人之间抱团创业较少，退役军人人力资源难以形成产业集聚效应"。[①] 引导成立退役军人企业家协会，可通过树立优秀典型，发挥示范带动作用；还应加强政企合作，引导退役军人企业支持服务国家战略；加强银企沟通，为退役军人企业提供金融支持。总体而言，要推动实现资源共享、优势互补、风险共担、互利共赢。

三是成立退役军人慈善关爱协会。成立慈善关爱协会，设立退役军人关爱基金，募集管理善款及爱心物资，开展捐助、帮扶、关爱活动，给困难退役军人发放慰问金，走访慰问烈属遗孤，组织开展公益诊疗、公益巡演、公益读书会等多样活动。

---

① 北京大学中国教育财政科学研究所课题组．我国退役军人的就业创业：现状、困境与对策—基于互联网大数据的实证分析［Z］.2019：9-22.

第六章

构建"覆盖全面、精准惠及"的退役军人待遇结构体系

结构体系是退役军人待遇制度的重要组成部分，是实现待遇制度创新的主体工程，也是满足退役军人需要、维护国家和军队稳定、促进社会融合和引领价值风尚等功能最大化的重要依托。构建"覆盖全面、精准惠及"的待遇结构体系是当前历史条件下高效推进退役军人制度建设的现实选择。本章从解析"覆盖全面、精准惠及"退役军人待遇结构体系的基本要义入手，分析了构建新型制度体系的主要依据，从优化托底解困的抚恤救助制度、建立有力支撑的补充保险制度、完善优质实用的就业培训制度和重构普惠施策的荣誉优待制度四个方面提出了具体举措。

一、"覆盖全面、精准惠及"退役军人待遇结构体系的基本要义

退役军人待遇结构体系是由待遇保障的有关事物按照一定秩序和内部联系组成的有机整体，是由不同子系统组成的。从项目内容上看，应包括退役军人养老保障、医疗保障、住房保障、再就业保障、荣誉优待等；从对象上看，应包括离退休干部保障、转业干部（军士）保障、自主择业干部保障、自主就业士兵保障、烈属遗属保障、伤病残

困难退役军人保障等；从层次上看，应包括国家基本保障、单位补充保障、个人互助保障等。科学划分退役军人待遇保障结构，有两项核心要求：一是要尽可能覆盖不同角度分类时的项目与人群；二是要兼顾现实性与前瞻性。现实性是指聚焦当下，在当前经济、社会、政治、文化等条件下可实施、可运行。前瞻性是指顾及长远，所设计的结构体系应是能够充分发挥待遇制度功能作用的发展性架构。本部分从"保障什么——保障内容""保障谁—保障对象"和"保障到何种程度—保障层次"三个维度考虑，提出构建"覆盖全面、精准惠及"的退役军人待遇结构体系。

  所谓"覆盖全面"，是指待遇结构体系项目齐全、功能完善、对象广泛，主要解决保障内容与保障对象的覆盖面问题。系统结构决定系统功能。构建"覆盖全面"结构体系的出发点就是要最大限度发挥待遇制度的功能。从满足退役军人生存发展与精神抚慰需要、维护国家和军队稳定、促进社会融合、引领崇军尚武价值风尚这些功能来看，项目内容设置上要能帮助退役军人抵御生存危机、解除后顾之忧、提高生活质量、实现人生出彩。综合这些因素，将待遇结构体系建构为托底解困的抚恤救助制度、有力支撑的补充保险制度、优质实用的就业培训制度和普惠施策的荣誉优待制度四个子项目。

  所谓"精准惠及"，是指待遇结构体系重点突出、指向明确、范围周延，主要解决保障项目与保障对象的匹配度问题。保障能力影响保障效率。构建"精准惠及"结构体系的着眼点就是在既有保障能力的前提下实现整体保障效能最大化。因此，在总的结构体系框架下进一步细化项目内容时，要区分保障对象与保障需求的轻重缓急，分层次、有重点、结合需要与可能来进行设置。本书构建的"覆盖全面、精准惠及"的退役军人待遇项目内容结构体系如图6-1所示。

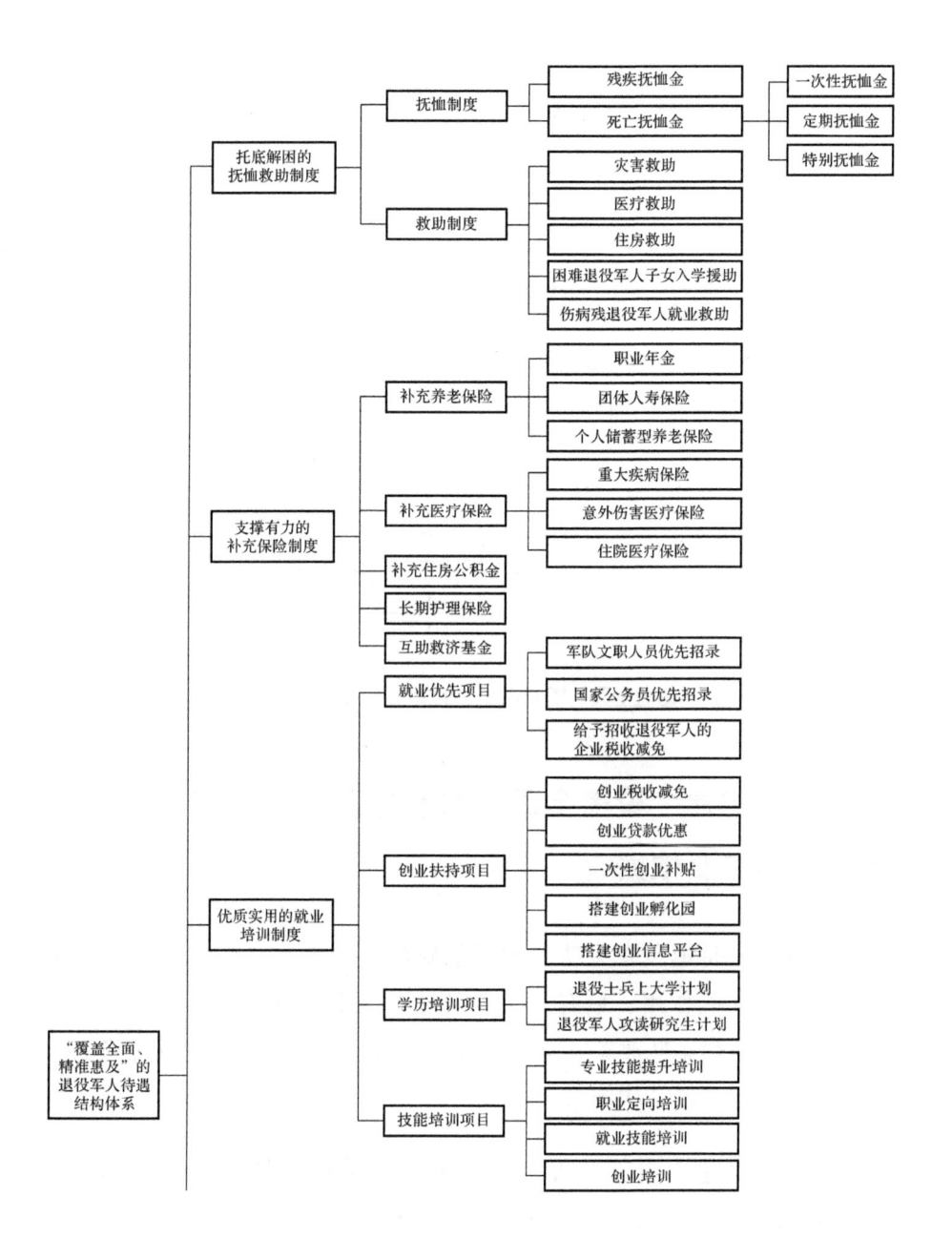

第六章 构建"覆盖全面、精准惠及"的退役军人待遇结构体系

```
                                              ┌─ 抚恤制度 ──┬─ 残疾抚恤金 ──┬─ 一次性抚恤金
                                              │             │               ├─ 定期抚恤金
                                              │             │               └─ 特别抚恤金
                          ┌─ 托底解困的 ──────┤             └─ 死亡抚恤金
                          │   抚恤救助制度     │
                          │                    └─ 救助制度 ──┬─ 灾害救助
                          │                                  ├─ 医疗救助
                          │                                  ├─ 住房救助
                          │                                  ├─ 困难退役军人子女入学援助
                          │                                  └─ 伤病残退役军人就业救助
                          │
                          │                                  ┌─ 职业年金
                          │                    ┌─ 补充养老保险 ─┼─ 团体人寿保险
                          │                    │             └─ 个人储蓄型养老保险
                          │                    │
                          │                    │             ┌─ 重大疾病保险
"覆盖全面、─────────────┼─ 支撑有力的 ──────┼─ 补充医疗保险 ─┼─ 意外伤害医疗保险
精准惠及"的                │   补充保险制度     │             └─ 住院医疗保险
退役军人待遇               │                    ├─ 补充住房公积金
结构体系                   │                    ├─ 长期护理保险
                          │                    └─ 互助救济基金
                          │
                          │                                  ┌─ 军队文职人员优先招录
                          │                    ┌─ 就业优先项目 ─┼─ 国家公务员优先招录
                          │                    │             └─ 给予招收退役军人的
                          │                    │                企业税收减免
                          │                    │
                          │                    │             ┌─ 创业税收减免
                          │                    │             ├─ 创业贷款优惠
                          └─ 优质实用的 ──────┼─ 创业扶持项目 ─┼─ 一次性创业补贴
                              就业培训制度      │             ├─ 搭建创业孵化园
                                                │             └─ 搭建创业信息平台
                                                │
                                                ├─ 学历培训项目 ─┬─ 退役士兵上大学计划
                                                │             └─ 退役军人攻读研究生计划
                                                │
                                                │             ┌─ 专业技能提升培训
                                                └─ 技能培训项目 ─┼─ 职业定向培训
                                                              ├─ 就业技能培训
                                                              └─ 创业培训
```

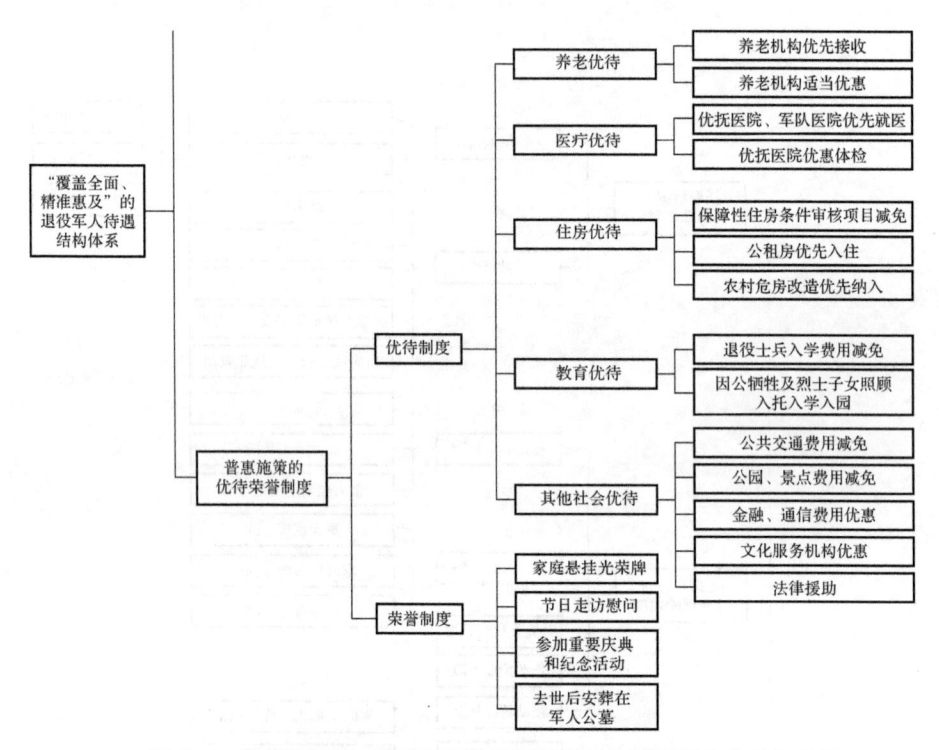

图 6-1 "覆盖全面、精准惠及"的退役军人待遇项目内容结构体系

二、构建"覆盖全面、精准惠及"退役军人待遇结构体系的主要依据

结构体系是退役军人待遇制度创新的主体工程。着眼最大限度发挥待遇制度功能作用、最有效保障退役军人生存与发展需要，最有力承接配合国防和军队改革，立足当前、目及长远，应构建"覆盖全面、精准惠及"的待遇结构体系。

（一）构建"覆盖全面、精准惠及"的待遇结构体系，是有序交融衔接、发挥功能作用的支撑载体

构建体系犹如搭建房屋，立柱架梁决定了建筑大厦是否稳固扎实。

从待遇制度内在功能来看，应构建集抚恤救助制度、补充保险制度、就业培训制度和荣誉优待制度为一体的结构体系。从抚恤救助制度来看，抚恤作为各国退役军人待遇保障的源头，发挥着保障伤残军人及军人遗属基本生活、慰藉心灵、解除现役军人后顾之忧、激励官兵英勇作战的重要作用。救助作为国家和政府为困难退役军人抵御风险的最终屏障，发挥着社会安全网的兜底作用。抚恤救助兜住了待遇保障的"底线"。从补充保险制度来看，退役军人与社会其他群体一样，最核心的需求是养老、医疗和居住需求，国家建立社会保险制度的初衷也是为了帮助社会成员抵御由年老、疾病等因素带来的风险，保障其基本生活，现实条件下退役军人保险制度除了能为退役军人提供稳定的安全预期，还是解决待遇差别化的有效手段，构成了待遇保障的"安全网"。从就业培训制度来看，就业是民生之本、财富之源。保障就业在任何时代、任何时候都事关劳动者的尊严和价值，事关生活水平的改善，事关社会人心的稳定。促进劳动与就业，是保障退役军人生存发展权益的最根本途径，也是督促其更快地完成职业转换、创造个人价值、服务国家社会的重要路径，构成了待遇保障的"稳定器"。从优待荣誉制度来看，优待与荣誉是褒扬奖赏的最直接体现，也是最体现军人职业价值的内容。对退役军人给予社会优待和荣誉，具有鲜明的导向作用、显著的激励作用、强烈的感召作用和巨大的规约作用。加强优待与荣誉激励，是提高退役军人社会地位的重要途径，也是落实"让军人成为全社会尊崇职业"的有力抓手，构成了待遇保障的"风向标"。虽然四大子系统有各自的保障重点和功能作用，但四位一体、有序衔接、共同作用，才能有效发挥待遇制度的整体功能。

（二）构建"覆盖全面、精准惠及"的待遇结构体系，是厘清建制理念、着眼长远发展的重要举措

建制理念决定了制度发展方向。国家对退役军人进行保障，是为了解困使其得以生存还是出自对军事劳动的补偿？是为了减轻机关事

业单位负担还是为了融合社会发展？是为了稳定军人群体还是为了引领价值风尚？不同的建制理念体现在项目内容设置上是有所区别的。从价值取向来看，应构建集抚恤救助制度、补充保险制度、就业培训制度和荣誉优待制度为一体的结构体系。首先，新型待遇结构体系应对现有保障项目进行整合重塑。具体来讲，要将抚恤制度与优待制度相剥离，然后将抚恤与救助合成一个子项目，优待与荣誉合成一个子项目。从历史上看，我国长期以来将抚恤与优待工作并行实施，简称优抚工作。优抚制度以发放抚恤金与进行精神抚慰为主要形式，保障对象有限，保障水平不高，保障理念仍以"解困救助"为主。将抚恤与救助合并成一个子系统，是因为两者都具有扶助性质，济贫济弱，直接面向伤病残等困难退役军人或烈士、因公牺牲以及病故军人家属，出发点是解除其生存危机，是待遇结构体系的"托底层"。将优待与荣誉合并成一个子项目，是因为两者都发挥褒扬奖赏的作用，出发点是引领崇军尚武价值风尚，是待遇结构体系的"拔高层"。其次，新型待遇结构体系设置应着眼发挥退役军人作用。退役军人作为党和国家的宝贵财富、优质人力资源，应成为社会主义现代化建设和中华民族伟大复兴的生力军，而不仅仅是被保障、被优待的对象。从这个意义上看，要重点完善就业培训制度，提高其市场生存能力，发挥其人力资源潜力。将就业培训制度作为待遇结构体系的四大支柱之一进行安排，正是结合现实性与前瞻性的体现，既要"授人以鱼"，更要"授人以渔"。因此，从厘清建制理念，着眼长远发展来看，有必要构建"覆盖全面、精准惠及"的待遇结构体系。

（三）构建"覆盖全面、精准惠及"的待遇结构体系，是突出保障重点、衔接军队改革的有力抓手

从衔接国防和军队改革来看，退役军人待遇保障应突破传统方式，探索符合军官职业化制度要求的保障模式。军官职业化的核心是专业化，因此要求相对稳定的军官队伍。从目前实行军官职业化的国家来

看，通常以逐月领取退役金/退休金和享受医疗与住房福利作为保障退役军人基本生活的手段。可以预见，我国军官职业化与军士职业化改革落地后，目前这种以转业安置为主的保障方式必然要转向以退役为主来保障，即通过提供基本生活待遇与就业能力为主要内容。因此，在退役军人待遇结构体系上设计了支撑有力的补充保险制度和优质实用的就业培训制度，这两大制度是退役军人待遇结构体系的"主干层"。补充保险制度主要包括补充养老保险、补充医疗保险、补充住房公积金、长期护理保险等项目，用来解除退役军人后顾之忧，为其提供稳定的生存预期。就业培训制度主要包括就业优待、创业扶持、学历培训、技能培训等项目，目的是提高退役军人市场生存能力，激发其主动作为斗志，发挥好人力资源价值。通过"主干层"制度项目内容的完善促进退役军人待遇保障工作内涵式发展。

三、构建"覆盖全面、精准惠及"退役军人待遇结构体系的具体举措

抚恤救助制度、社会保险制度、就业培训制度和优待荣誉制度有其特定概念内涵、理念原则和功能作用。从退役军人的需求角度出发，其项目构成应尽可能广泛具体，但从国家财力保障水平与保障重点出发，其待遇供给必然要受到特定历史条件制约。因此，本部分在分析四大子系统概念内涵、作用意义的基础上，重点分析了当前历史条件下推进各子系统建设发展的着力点。

（一）优化托底解困的抚恤救助制度

托底解困的抚恤救助制度是为死伤病残和有特殊贡献的退役军人及其家属提供抚恤赈济，或为受灾意外及其他经济社会原因致贫致困的退役军人及其家属提供过渡性帮扶以满足其基本生活的政策制度。社会保障制度起源于社会救助，通过济贫救灾、扶助弱者，使社会成

员的基本生存得以保障，体现着国家与社会的责任担当。对退役军人，特别是对伤病残退役军人进行抚恤救助，也是各国退役军人待遇保障的源头。优化托底解困的退役军人抚恤救助制度，解除困难退役军人生存之疾厄，使其得以共享国家发展成果，有尊严地继续生活，是退役军人待遇制度的最后一道防护线和安全网。托底解困的抚恤救助制度所保障的对象是特定人群（死伤病残和有特殊贡献的退役军人及其家属、受灾意外及其他经济社会原因致贫致困的退役军人及其家属）；保障方式既包括提供货币性待遇，也包括实物型和服务型援助；制度定位是兜底反贫困；保障原则是托底线、保基本、救急难。

1. 抚恤制度

抚恤制度，是国家对因战、因公致残或牺牲、病故的军人及其家属进行精神抚慰和物质帮助的制度。主要包括残疾抚恤金和死亡抚恤金。死亡抚恤金又分为一次性抚恤金、定期抚恤金和特别抚恤金。

目前，残疾抚恤金标准参照全国职工平均工资水平确定；一次性抚恤金为上一年度全国城镇居民人均可支配收入的20倍加本人40个月的工资；定期抚恤金中的未随军遗属定期抚恤金标准参照全国城乡居民家庭人均收入水平确定；定期抚恤金中的随军遗属生活补助费和特别抚恤金按等次确定。

下一步，可考虑对抚恤对象参加社会保障进行倾斜照顾。在财政允许的情况下，可由国家承担其个人缴费义务，使抚恤对象的特殊保障地位得到应有体现。在项目接续上，同一对象同时符合多项政策条件时，要合理确定各项政策启动的时序，杜绝用社会保障待遇替代抚恤待遇，使其实际享受待遇高于同等条件的居民。还应探索建立信息跨部门共享机制，将抚恤对象参加社会保险应当享受的优惠档次、优待信息写入社会保障卡，筑牢利用社会保障平台的基础，使优待政策在社保业务办理时即时实现。此外，还应结合抚恤保障的特殊需要，制定有针对性的保障政策或补充项目，以弥补相关社会保障针对性不足或覆盖空白点。

2. 救助制度

救助制度，是国家和社会对因灾、因病致残受困的退役军人及其家庭提供的临时性帮扶援助制度，主要包括灾害救助、医疗救助、住房救助、困难子女入学援助和伤病残退役军人就业援助。

2019年10月，国家颁布了《关于加强困难退役军人帮扶援助工作的意见》，对困难退役军人的帮扶援助情形、方式和程序进行了明确（图6-2）。具体标准由各地视经济社会发展和救助保障水平等因素确定。下一步，还应结合退役军人数据平台建设，建立基本信息数据库，动态跟踪其生活情况，推进"智慧救助"，同时，要强化救助监督，防止在救助救济过程中造成新的不公平。

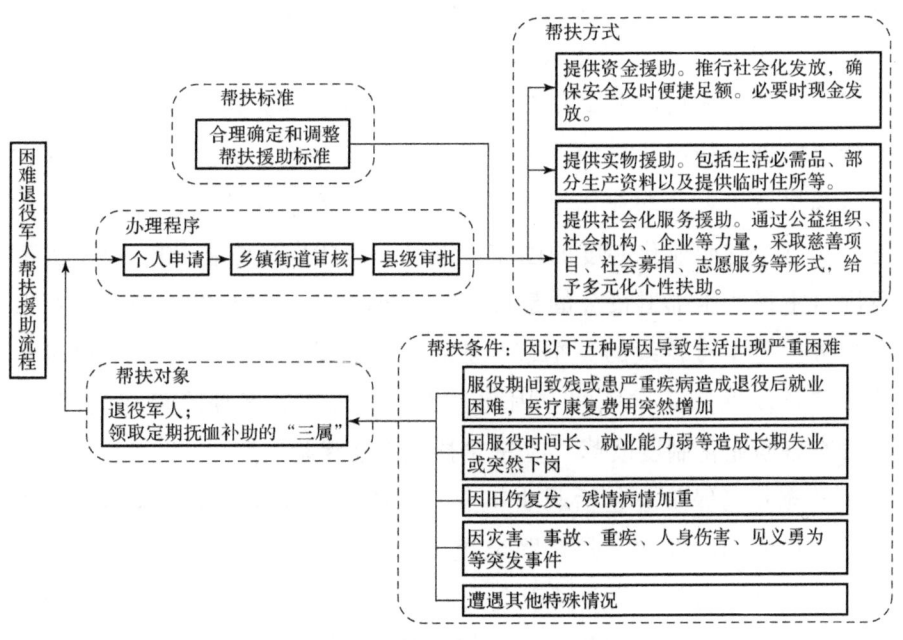

▶ 图6-2 困难退役军人帮扶援助流程

（二）建立支撑有力的补充保险制度

支撑有力的补充保险制度是为职业退役军人（即除义务兵外的退

役军人）提供的社会基本保险制度之外的补充养老保险、医疗保险、住房公积金、长期护理保险和互助救济保险等制度的统称。补充保险，是军人职业化制度服役补偿机制的重要补充，是解决退役军人待遇差别化、解除退役军人后顾之忧、保证其基本生活无虞的有效手段，也是体现国家对退役军人普惠优待的重要举措。补充保险制度所保障的对象是所有职业退役军人（义务兵除外）；保障方式包括货币给付与提供服务；制度定位是支撑保待遇；保障原则是权利与义务相统一、以自愿参加为主。

1. 补充养老保险

养老保险是确保退役军人"老有所养"的重要保证，也是广大退役军人的重大关切。从 2012 年 7 月起，全军开始实行军人退役养老保险制度。2014 年建立了军人职业年金制度。由于国家基本养老保险统筹层次较低、多层次养老保险尚未有效建立、军人退役方式多样带来的待遇差别等情况，导致军人退役养老保险制度在实施过程中还存在着转移接续不畅、职业年金替代率低、补充商业保险缺位等问题。此外，实行军官职业化制度的国家，退役金替代率通常在 50% 以下，而我国自主择业干部退役金的替代率在 78% 以上，过高的待遇调整系数在财务上是不可持续的。军官职业化改革落地后，按月领取的退役金势必要逐步回归正常区间。因此，为解决现有养老保险存在的问题，配合军官职业化制度改革，应建立补充养老保险制度。

补充养老保险应包括职业年金、团体人寿保险和个人储蓄型养老保险。目前的职业年金是空账记数，而社会上的企业年金通常交由专业的金融机构运营，收益高于个人理财。下一步应做实职业年金账户，使退役军人享受到职业年金运营增值的红利。还应借鉴外军经验，由退役军人事务部与保险公司签订合同，为退役军人提供优惠的团体人寿保险和个人储蓄型养老保险项目，退役军人个人缴费自愿参加。

2. 补充医疗保险

1999 年，国务院办公厅、中央军委办公厅印发了《军人退役医疗保险暂行办法》，国家开始实行军人退役医疗保险制度。退役医疗保险制度建立以来，在一定程度上部分解决了军人退役后与地方医疗保险制度的衔接问题。但就目前来看，退役医疗保险制度发挥作用较为有限，未能很好地满足退役军人的重大疾病保障等医疗需求。下一步，还应加强补充医疗保险制度建设。

补充医疗保险应包括重大疾病保险、意外伤害医疗保险和住院医疗保险。由退役军人事务部与保险公司签订合同，为退役军人提供优惠的重疾险、意外伤害医疗保险和住院医疗保险，以补充基本医疗保险起付线以下、用药目录之外的支出。这部分保险也应本着自愿的原则由个人缴费。

3. 补充住房公积金

1992年7月，中央军委颁发《军队住房制度改革方案》明确建立军队住房公积金制度。2015年8月起，在职军官、文职干部和士官，以及军队管理的退休干部、军士，购买首套住房时，可申请军人住房公积金贷款，享受住房公积金贷款优惠利率。随着我军经济适用房、住房补贴等一系列住房改革措施的出台，住房公积金作为军队人员购房建房的重要地位逐渐被取代，其局限性也日益凸显。下一步，可考虑为现役军人和退役军人建立补充住房公积金制度。一是拓展与落实军人住房公积金使用范围。军队住房公积金制度建立的目的是用于军人住房消费的保障性资金，其使用途径不应只限于住房公积金贷款这一种，应允许购房或租房者在其个人住房公积金账户余额内申请提取住房公积金，腾退军产住房的人员翻建、大修自有住房也应当可以在限额内提取住房公积金，使其充分发挥应有的保障功能。二是完善军队与地方住房公积金的衔接办法。在住房公积金贷款中，发放贷款的商业银行是受托代办贷款业务，不承担贷款风险。贷款风险在军队有军队住房公积金管理中心承担，在地方由各地住房公积金管理中心承担。由于军队住房公积金管理中心只对现役军人进行保障，军人退役后不属于军队住房保障对象，所以要求军人退役时用住房公积金和住房补贴提前归还贷款。这一办法实际损害了退役军人享受公积金低利率的权益。目前，退役军人事务部和各省市服务保障延伸机构都已组建完毕，可借鉴美国经验，由退役军人事务部（厅）作为信用担保人，能够让退役军人继续享有公积金低利率的还贷优惠。三是调剂福利基金专项建设退役军人保障性住房。从国外退役军人住房保障情况来看，为保障那些暂时没有购房、建房能力的退役军人，使其"居者有其屋"，通常由国家、军队或地方政府建设专项保障性住房供退役军人租住。由于我军现在的住房公积金实行总量控制的轮候政策，使许多军人退役时没有享受到公积金带来的优惠，又没有购房能力，只能长期租住（占用）军队公寓房，造成军队公寓房供不应求，形成恶性循环。因此，可考虑通过调剂福利基金或利用社会捐赠，鼓励地方省市建设退役军人专项保障性住房供其租住。

4. 长期护理保险

当前，优抚医院长期供养压力很大，随着老龄化社会的加剧，退役军人年老重病失能后的照护问题会进一步凸显。下一步，可考虑设立长期护理保险。一方面，有利于将优抚医院的"诊治"与"长期照护"功能相剥离，使优抚医院更好地发挥诊疗、体检等功能。由长期护理保险解决失能退役军人的照护问题。可按照中央财政、地方财政和退役军人本人分担费用的原则，充分利用基层医疗卫生机构和护理院、护理站等服务资源，通过政府向社会"购买服务"等形式，满足退役军人多样化、多层次的护理、保健需求，加快推进康复、养老、护理一体化进程，解除退役军人特别是残疾军人及其家庭的后顾之忧。

5. 互助救济保险

2019年以来，河北省、陕西省等省份及部分市县相继设立了退役军人关爱基金，在政府基本保障基础上，对生活困难的退役军人给予有针对性的资助。这些有益探索对帮扶困难退役军人无疑是起到了积极作用，但是，关爱基金的筹资模式是"政府+社会"，其性质仍为慈善济贫，主要方式是发放补助金。要想更好地实现风险共担，有必要在退役军人关爱基金的基础上探索设立互助救济基金，引导广大退役军人在疾病、创业、教育等方面积极参与基金投入，在退役军人群体内部实现互帮互助的良好风尚。此外，基金运营要坚持公开透明原则，不断提高管理使用科学化、规范化水平，实行第三方援助评估，定期对基金的募集、使用情况进行综合评判和公示，接受审计和社会监督，提高基金使用效能，让基金在阳光下运行。

（三）完善优质实用的就业培训制度

优质实用的退役军人就业培训制度是指面向退役军人提供的针对性强、效果好的教育培训项目以及录用优先、费用优惠的就业创业项目的统称。提升退役军人能力素质，开展扎实有效的职业培训，是退役军人获得劳动力市场合法性的重要工具，是实现高质量充分就业的必要保障。促进劳动与就业，是退役军人融入社会，实现自身价值，持续保障生存发展权益，获得幸福的根本途径。优质实用的就业培训制度所面向的是除离退休方式安置的退役军人；保障方式既包括提供教育培训和就业指导服务，也包括税收减免、贷款支持等货币型福利；保障原则是现役与退役相衔接、保障就业与发挥作用相结合。

1. 就业优先项目

就业优先是军官职业化国家的普遍做法。下一步，为缓解政府指令性计划安置与人力资源市场配置的矛盾、机关事业单位改革减员与接受安置退役军人的矛盾、企业用工制度与履行国防义务的矛盾，应促进转业安置模式从"被动照顾接收"逐步向"主动录用优待"转变。具体来说，就是逐步减少按比例接收的数量，但是在公务员、事业单位、国有企业统一录用考试中，对退役军人给予降分录取、优先录用、放宽年龄和学历条件等优待政策。这样，既能在一定程度上减轻机关事业单位安置压力，又能促进退役军人积极提升自身能力素质，还能提升其他社会成员的相对公平感。此外，还应给予招收退役军人的企业税收减免优惠政策，鼓励企业招收退役军人。

2. 创业扶持项目

创业扶持也是就业培训制度的重要组成部分，主要包括创业税收减免、创业贷款优惠、一次性创业补贴、搭建创业孵化园、搭建创业信息平台等措施。习近平总书记强调，"创业是推动经济社会发展、改善民生的重要途径"。对退役军人创业进行政策扶持有利于用创业带动就业。具体来说，一是对退役军人创业给予金融税收优惠。可借鉴美国经验，以退役军人事务部为担保，为创业退役军人提供低息贷款和一次性创业补贴，同时，各省市结合自身情况，以一定限额扣减从事个体经营的退役军人应当缴纳的增值税、城市维护建设税、教育费附加、地方教育附加和个人所得税。二是搭建创业孵化园、创业信息平台等，对退役军人创业提供政策咨询、项目开发、创业培训、开业指导、投资贷款、事务代理、宣传推广等跟踪扶持。

3. 学历培训项目

学历培训主要包括退役士兵上大学计划和退役士兵攻读研究生计划。退役士兵上大学是美国退役军人再就业的一条宝贵经验。退役士兵通常较年轻，家庭负担不重，具备继续接受学历教育的可能。近年，各地出台了一些办法鼓励、支持退役士兵上大学，许多省市明确退役士兵考大学可以计划单列、免费就读，可多次考取、自主择优入学。下一步，应将试点中好的做法进行推广，提升退役士兵学历层次，顺利实现其由军事专业人员向经济建设人员的转变。

4. 技能培训项目

技能培训是提升退役军人人力资本的重要举措。主要包括专业技能提升培训、职业定向培训、就业技能培训和创业培训。从当前来看，一是应将培训纳入军人职业生涯全周期考量。通过前置培训时间，在服役期间为退役军人提供全社会认可的通用培训。可由军队院校提供场地，聘请社会培训机构，利用周末或节假日的时间开展培训；也可考虑根据服役时间、服役贡献和军衔职级等因素，提供差异化的培训时间与经费，让军人根据自身情况自己选择培训机构与方式，其目的都是为了让军人在服役期间获得社会普遍认可的职业资格证书，具备再就业的"敲门砖"。二是产教融合、军企合作，由企业定向开展技能培训。面对我国人口红利逐步消失，高端技术岗位人才缺口较大的现状，在国家引导、扶植新一代信息技术和重点领域企业发展时，考虑由国家出面与企业签订退役军人就业协议，由企业根据其自身发展需要，在军人服现役期间和退役后为其开展职业技能培训，开展"订单式"培养方案，使退役军人再就业与建设创新型国家走上良性循环、相辅相成的发展轨道。

（四）重构普惠施策的优待荣誉制度

普惠施策的优待荣誉制度是指国家和社会对退役军人个体或群体的英勇行为和所做贡献进行肯定与褒奖，以及在生活上为其提供的各种物质和非物质方面的优厚待遇。优待与荣誉相辅相成，是"让军人成为全社会尊崇职业"的有力抓手。通过扩大退役军人的一般待遇惠及，能够有效提高退役军人社会地位，引领崇军尚武价值风尚。普惠施策的优待荣誉制度所面向的是所有退役军人及其家人，重点优先保障对国家、军队和人民有突出贡献的退役军人；保障方式既包括提供费用减免等货币性待遇，也包括基本生活设施优先享用等服务性优待；保障原则是按贡献区别对待、现役与退役相衔接、各地视经济情况细化标准。

1. 优待制度

优待制度主要包括养老优待、医疗优待、住房优待、教育优待、其他社会优待和法律援助等。通过制定优待目录清单、制作优待证，使广大退役军人能够普遍享受社会优待。

（1）养老优待。国家兴办的养老院优先接收退役军人。对鳏寡孤独的优抚对象集中供养，对常年患病卧床、不能自理的优抚对象，视情给予费用减免。

（2）医疗优待。为广大退役军人办理医疗保障卡，在优抚医院优先挂号、缴费、就诊、检查、住院等；体检享受优惠价格。

（3）住房优待。在审查保障性住房和公租房基本住房条件时，抚恤、补助和优待金、护理费不计入个人和家庭收入。在公租房保障中优先解决符合条件的退役军人，适当减免费用。对居住在农村的符合条件的退役军人，同等条件下优先纳入国家或地方实施的农村危房改造相关项目。

（4）教育优待。退役军人按规定免费参加教育培训。对符合条件的退役士兵大学生士兵复学、调整专业、攻读研究生等进行助学资助和费用减免；因公牺牲及烈士子女优先入托入园入学，报考普通高中、中等职业学校时降分录取。

（5）其他社会优待。广泛动员社会力量参与退役军人优待工作。公共文化设施和实行政府定价或指导价管理的公园景区，对残疾军人、重点优抚对象减免门票；金融机构、通信服务机构对退役军人优先办理业务，进行一定金额的费用减免；法律服务机构优先提供法律服务，法律援助机构依法提供免费的法律服务。

2. 荣誉制度

荣誉制度主要包括家庭悬挂光荣牌、节日走访慰问、参加重要庆典和纪念活动以及去世后安葬在军人公墓等，包括但不限于下列内容。

（1）家庭悬挂光荣牌。为烈属、军属和退役军人等家庭悬挂光荣牌。

（2）节日走访慰问。对残疾退役军人、重点优抚对象和服役时作出过突出贡献的退役军人，在春节、建军节要走访慰问，了解他们的生活情况，发放一定金额的慰问金。

（3）参加重要庆典和纪念活动。邀请优秀退役军人参加国家和地方的重要庆典和纪念活动。组织优秀退役军人代表担任编外辅导员、讲解员，发挥其社会公益事业的优势作用。

（4）建设军人公墓。各地有计划地建设军人公墓。结合退役军人生前贡献和个人遗愿，安排其去世后免费安葬在军人公墓，清明节等节日、纪念日组织祭扫等活动。

第七章

建立"适度优厚，导向鲜明"的退役军人待遇水平定位机制

水平标准是衡量退役军人待遇制度建设的重要标尺。在水平上划定边界、建立标准，有利于引导各方形成合理预期，凝聚社会共识，也有利于客观评测政策实施效果，推动退役军人事务治理现代化。建立"适度优厚，导向鲜明"的退役军人待遇水平定位机制，是顺应民生保障发展大势，符合当前社会发展阶段与主要矛盾转化规律的必然选择。本章从解析"适度优厚、导向鲜明"退役军人待遇水平定位机制的基本要义入手，分析了确定待遇水平定位的主要依据，综合运用阿玛蒂亚·森的可行能力理论与网络层次分析法研究构建了退役军人待遇水平综合评价指标体系。

一、"适度优厚，导向鲜明"退役军人待遇水平定位机制的基本要义

统计学上的水平是指一个试验因素所划分的具体的、可操作的不同等级或状态。退役军人待遇水平是指退役军人享受国家福利保障的高低程度。这是一个相对范畴，可以从多个维度来进行评测。比如，借鉴社会保障水平的测评方法，横向上可以从宏观、中观、微观三个层次来衡量退役军人待遇水平。从宏观上评测退役军人待遇占国民经

济发展的比重，反映的是退役军人待遇的总体水平；在中观层面，可以评测退役军人待遇占财政支出的比重；在微观层面，可以评测单个退役军人待遇占所在地基本民生保障的比重。纵向上还可以考察不同历史时期各退役军人待遇保障项目的增长比例、发展速度等指标。上述分析方法当然都能从某一侧面描述退役军人待遇水平的高低，但是运用这些定量分析的结果仍然很难判断退役军人待遇水平究竟是否合理。判断待遇水平合理与否应该从待遇制度的内在属性出发，考察其是否充分发挥了应具有的功能作用。在本书第一章分析过待遇制度所内含的公平与效率的矛盾。从公平与效率相统一的角度看，待遇水平的底线是不发生因退役军人生活诉求造成的社会风险，上限是不因优待退役军人造成其他社会成员的异议。因此，合理的待遇水平至少应满足三个条件：一是能够充分满足退役军人需要，二是与国家经济发展水平相适应，三是符合国家战略导向要求。综上所述，本书将退役军人待遇水平的供给原则确定为"适度优厚、导向鲜明"，结合福利经济学前沿理论成果——阿玛蒂亚·森的可行能力分析框架，运用网络层次分析法，研究构建待遇水平的综合评价指标体系，为退役军人待遇制度改革创新提供测度标尺。

所谓"适度优厚"，是指退役军人待遇保障程度适当，与其他社会群体的平均待遇水平相比略为丰厚。这是一个区间概念，从底线来看，应确保所提供的待遇水平能够保障和促进退役军人的生存与发展（这就决定了会高于一般社会群体的待遇水平）；从上限来看，应实现退役军人与其他社会群体之间的帕累托最优（即没有因为保障退役军人损害其他群体的公平与福利）。

所谓"导向鲜明"，是指在考察评测待遇水平时，除了整体上适度优厚之外，还应重视个体水平的差异化。在指标选取、权重赋值和水平测度结果运用等方面，应坚持优待导向、能力导向和贡献导向。优待导向，要求织紧待遇保障的安全网，高度重视底线待遇和防风险待遇；能力导向，要求明确待遇保障的核心枢纽，突出提升退役军人市场生存能力的待遇项目；贡献导向，要求树立待遇保障的风向标，侧重退役军人的精神抚慰与荣誉激励。尽可能覆盖以上原则，才能从完整的时间链条考察和评测待遇水平，确保待遇供给公平、合理、可持续。

二、建立"适度优厚，导向鲜明"退役军人待遇水平定位机制的主要依据

建立"适度优厚、导向鲜明"的待遇水平定位机制，有利于引导各方形成合理预期，凝聚社会共识；有利于客观评测政策实施效果，推动退役军人事务治理现代化；这同时也是顺应民生保障发展大势，符合当前社会发展阶段与主要矛盾转化规律的必然选择。

（一）建立"适度优厚、导向鲜明"的待遇水平定位机制，是引导各方形成合理预期、凝聚社会共识的重要举措

传统福利经济学家采用边际分析方法来测量福利水平，新福利经济学派的经济学家多主张序数效用论。这是因为福利水平既可以表现为一种客观测度，在一定程度上也取决于主观感受。因此，有必要确立"适度优厚、导向鲜明"的水平定位机制，来引导退役军人、现役军人和广大群众对退役军人待遇形成合理的心理预期。首先，对退役军人而言，应该认识到，国家给予的优待是源自军事劳动的特殊贡献。从理论上讲，优待应该达到这样一种标准：既能对服役时的额外付出进行补偿，也能保障广大退役军人生活得体面、有尊严，更重要的是要激励退役军人奋发作为，不能造成依赖心理，变成一种事实上的"养懒汉"政策。其次，对现役军人而言，退役后的福利待遇应该能够为其提供稳定的安全预期，解除其后顾之忧，使其能够全情投入到国防和军队建设中去，安心服役，多作贡献。再次，国家对退役军人待遇的投入，在一定程度上可视为一种"分蛋糕"行为，涉及其他社会

群体的利益关系格局。因此，要在增强军人群体获得感的同时不损害社会其他群体的公平感。综合以上考虑，建立"适度优厚、导向鲜明"的水平定位机制，能够引导各方理性认识，最大程度凝聚社会共识，营造崇军尚武的良好氛围。

（二）建立"适度优厚、导向鲜明"的待遇水平定位机制，是检验政策实施效果、实现退役军人事务治理现代化的有力抓手

定量考察退役军人待遇制度建设情况，对于检验政策制度有效性，及时调整修正政策制度方向具有重要意义。建立"适度优厚、导向鲜明"的水平定位机制能够为退役军人管理保障提供一把标尺，是实现退役军人事务治理现代化的有力抓手。从当前来看，退役军人管理保障财政转移支付还未形成规范的制度标准。兵源大省、贫困地区的退役军人管理保障工作确实存在"先天劣势"，但各地区退役军人事务部门的管理保障能力也不可避免地存在差异。在事权与支出责任划分还没有实现法定的情况下，中央究竟依据什么进行转移支付，仅以地区财政缺口作为依据，容易造成地方政府的依赖心理，无法激励其提升治理能力。应该从待遇水平上设定一套考核标准。从长远来看，退役军人群体的年龄结构、学历层次随着经济社会发展会发生较大变化，管理保障实践也应随着保障对象条件和需求的变化及时进行调整。通过建立"适度优厚、导向鲜明"的水平定位机制，设计符合当下管理保障实践的评价体系，有效反映不同群体、年龄、区域的退役军人待遇需求，将有利于政策制度重点突破、靶向发力，实现精准施策、科学治理。

（三）建立"适度优厚、导向鲜明"的待遇水平定位机制，是遵循社会主要矛盾转化规律、适应民生保障发展形势的现实选择

党的十九大报告指出，"中国特色社会主义进入新时代，我国社会主要矛盾已经转化为人民日益增长的美好生活需要和不平衡不充分发

展之间的矛盾"。①这一科学论断,为建立退役军人待遇水平提供了基本遵循。一方面,我国仍处于社会主义初级阶段的基本国情没有改变,发展依然是党执政兴国的第一要务,这是退役军人待遇保障的条件和基础。因为,国家对退役军人待遇保障实质上是社会财富的再分配,没有经济发展就没有财富增量,也就不具备优厚保障的条件。因此,当前及之后的一段时间内,退役军人待遇水平要符合经济社会发展实际,国家要尽力而为、量力而行,只能是在公共服务均等化基础上的"适度"优厚。另一方面,社会主要矛盾的转化对新时代民生保障制度建设提出了迫切要求,可以预见,当前及之后一段时期内,促进人的全面发展的政策制度会成为国家治理的工作重点。党的十九届四中全会提出的健全有利于更充分更高质量就业的促进机制、构建服务全民终身学习的教育体系、完善覆盖全民的社会保障体系和强化提高人民健康水平的制度保障等重大决定,促进退役军人全面发展的制度导向也应明确地立起来。

三、建立"适度优厚,导向鲜明"退役军人待遇水平定位机制的具体举措

建立"适度优厚,导向鲜明"的退役军人待遇水平定位机制,首先应明确价值判断标准,确定待遇水平考察的理念原则,然后选取能够客观、综合反映待遇水平的评价指标,依据供给原则合理确定权重,最后,将考评结果运用到制度改进的动态实践中。

(一)更新待遇水平考察理念

确定待遇水平定位机制的第一步明确价值判断标准,这直接决定

---

① 习近平.决胜全面建成小康社会夺取新时代中国特色社会主义伟大胜利[M].北京:人民出版社,2017:11.

选用何种理论分析方法。总体而言，福利经济学对待遇水平的测度方法有两大类，一类是客观性描述，主要采用对收入相关变量进行统计分析，从持有物品与资源的角度测量福利。如希克斯主张通过个人实际消费支出来测量福利，罗尔斯提出用权力、机会、收入等"基本物品"的持有量来衡量福利，德沃金认为应从个人拥有的资源量来考察个人福利。这类客观性描述的方法过度局限于对"物"的衡量，混淆了福利的手段与目的，因此存有争议。另一类测度方法是基于效用的功利主义理论方法，在给定总收入不变的情况下，提出测度指标来衡量社会总体福利水平，这是福利经济学的传统。如边沁提出了幸福计算法和最大多数幸福原则，还有常用的帕累托最优法则、洛伦兹曲线等方法。功利主义方法追求的是个体效用之和的最大化，却忽视了福利的多元特征，机械的效用主义也没有将伦理因素考虑在内，不能为分配提供有效的分析框架。

　　阿玛蒂亚·森批判了功利主义效用论和客观性描述评价方法，他认为仅从收入不平等或仅从效用的角度考察经济不平等都是局限的，进而提出了可行能力理论（The Capability Approach）。森认为，"对许多评价性目的而言，适当的评估域既不是效用（如福利主义者所生成的），也不是基本善（如罗尔斯所要求的），而应该是一个人选择有理由珍视的生活的实质自由——可行能力"[1]"可行能力关心的不是人们拥有怎样的物品、收入或资源，也不恰好是人们从这些活动中能够获得多少愉悦和满足……可行能力反映的是一个人能够做什么"。[2] 森的推导过程来源于"商品及其有用性"（图 7-1）。本书之所以选用森的可行能力分析框架，是因为这一方法所关注的"可行能力"与退役军人待遇制度的目的和应实现的功能比较契合。这既是一种具体可操作的

---

[1] 阿玛蒂亚·森.以自由看待发展[M].于真，译.北京：中国人民大学出版社，2018：62.
[2] 阿玛蒂亚·森.资源、价值和发展[M].杨茂林，郭婕，译.长春：吉林人民出版社，2011：276.

第七章　建立"适度优厚，导向鲜明"的退役军人待遇水平定位机制 | 137

福利分析方法，更体现了以人为本的价值判断标准。因此，退役军人待遇水平定位依据阿玛蒂亚·森的可行能力方法展开。

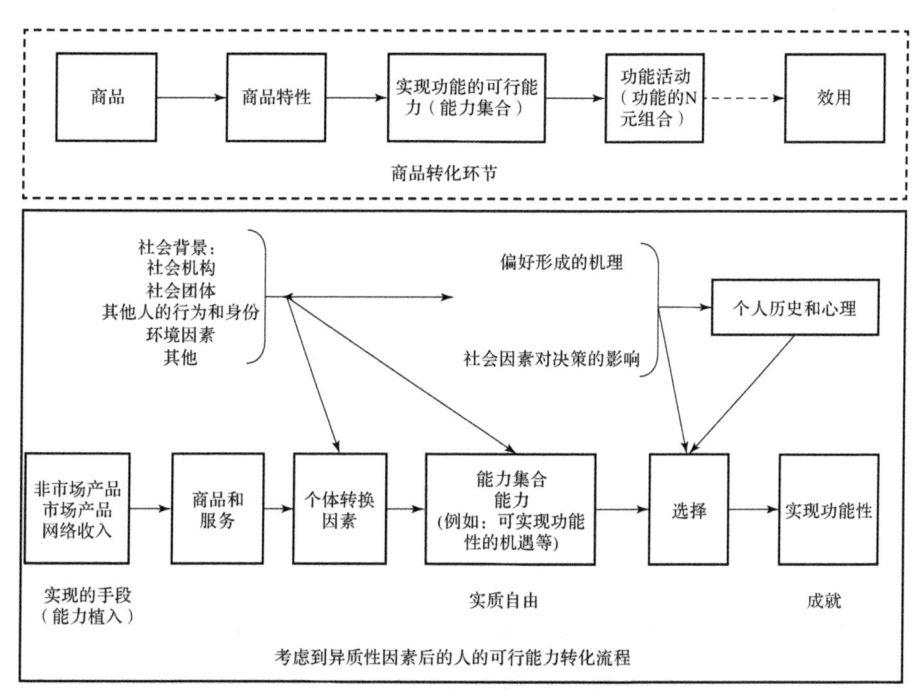

▶ 图7-1　森的可行能力方法思路推导图

（二）构建待遇水平评价指标体系

可行能力理论是对个人幸福、社会安排、政策设计以及社会变化进行评价与评估的广泛而规范的分析框架。[①] 森对可行能力理论的适用范围、原则与具体方法进行了阐述，这些内容为构建退役军人待遇水平评价体系提供了方法论。

1. 待遇水平评价范围

可行能力理论的核心概念是"功能"（Functionings）和"能力"

---

① Ingrid Robeyns.Sen's Capabilities Approach: a theoretical survey［J］.Journal of Human Development.Vol.6.No.1，March 2005.

(Capacity)。功能指一个人所处的状态；能力是功能的派生概念，指个体能够实现各种功能组合的潜力。① 一个人的可行能力由这个人可以选择的那些可互相替代的功能性活动向量组成（图7-2）。

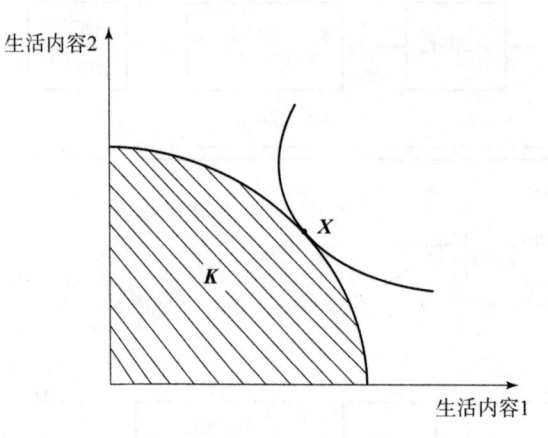

图 7-2 阿玛蒂亚森的"生活内容与能力分析"图

用公式来表达可行能力方法的基本概念如下：

对于个体 i 已实现的功能向量 $\boldsymbol{b}_i$，可以表示为 $\boldsymbol{b}_i = f_i(c(\boldsymbol{x}_i))$，其中，$\boldsymbol{x}_i$ 代表个体 i 所占有的商品向量；$c(.)$ 代表商品向量向一种客观特征向量转换的功能；$f_i(.)$ 代表个体 i 的个人利用函数，它反映的是个体 i 能够实际利用商品的一种形式。因此，个体 i 的福利可以被看作功能向量 $\boldsymbol{b}_i$ 的估值，即 $v_i = v_i(f_i(c(\boldsymbol{x}_i)))$。一个人能够从一个体现人际间差异的集合（an individual-special set）f_i 中选择利用函数 $f_i(.)$，$f_i \in F_i$。如果进一步假设他将商品向量的选择限制在他的"权利"（entitlements）X_i，那么，我们通过一个灵活的功能向量集合将他的实质自由表示为 $Q_i(\boldsymbol{x}_i) = [\boldsymbol{b}_i | \boldsymbol{b}_i = f_i c(\boldsymbol{x}_i)$, for some $f_i \in F_i$ and for some $\boldsymbol{x}_i \in X_i]$，其中 Q_i 代表个体 i 的可行能力（capabilities）。

由以上分析可知，"可行能力"作为识别和评价退役军人待遇水平的信息基础，功能空间和能力空间的所有向量都应作为评价指标进行

---

① 功能可理解为 what people able to be；能力可理解为 what people able to do。

第七章　建立"适度优厚，导向鲜明"的退役军人待遇水平定位机制 | 139

考虑（即所有有助于提升退役军人可行能力进而消除其不自由状态的因素都应纳入指标选择范围）。功能可用于测量已实现的待遇水平，能力可测量潜在的待遇水平。从功能空间来看，可以通过收入及资源占有量、身心健康状况、受教育程度等指标来考察。从能力空间来看，有助于提升收入及资源占有量、身心健康状况、受教育程度等增加退役军人自由选择权的事项都应纳入评价指标。

2. 评价指标遴选原则

结合阿玛蒂亚·森在分析可行能力的权数与赋值时提出的几个重要观点，针对退役军人待遇水平这一具体评价对象，提出三项关于指标遴选的原则。

（1）指标维度：以功能向量为主体，兼顾能力向量。

森认为，由于生活内容涉及方方面面，因此在运用能力分析方法时，无论是集中关注已实现的生活内容向量（如图7-2中的选择应用 X），还是能力集合（如图7-2中的选择权 K），对不同生活内容的权衡都是一个核心问题。笔者注意到，无论功能向量，还是能力向量，都涉及待遇需求和待遇供给两方面；同时，功能与能力又是相互影响的，功能决定能力，能力反作用于功能。如此一来，测度指标的含义空间至少包含三个维度（图7-3）。一是待遇供给维，即社会提供的待遇体制和内容，类似前述待遇体系。二是待遇需求维，包括退役军人生存、发展所需要的基本待遇。三是待遇功能维，包括生存性（功能性）待遇，即实然的或必须实现的底线性待遇。发展性（能力性）待遇，即潜在的、可行的、应然的待遇。在这里，"适度优厚"可通过功能性待遇进行考察，"导向鲜明"则通过能力性待遇加以反映。适度优厚的功能性待遇为退役军人奠定"求生存"所必须的基础条件，导向鲜明的能力性待遇则为退役军人"谋发展"开辟更大的激励和成长空间。

（2）指标参照系：确定焦点向量时应反映待遇的异质性和福利的多样性。

人与人（群体与群体）之间的异质性以及福利的多样性影响测度

指标的选择与排序，这是任何一种关于福利待遇评价不应回避的问题。森否定了功利主义者假定"效用是同质的"这一分析前提，他提出了福利的五种多样性与异质性（图7-1）。这一原则的指导意义是，在研究不同历史时期、不同重点人群待遇水平时应考虑异质性因素的存在，从而有所区别的选用评价指标或对指标进行必要的转化处理。具体而言，退役军人待遇水平应当通过比较得出，每个指标都应当有相应的标准参照系，比如与其他社会群体待遇水平的比较，以及与退役军人自身待遇历史水平的比较，等等。因此，每个指标都需要给出具体的可参照基准，并考虑以哪些群体的待遇水平作为基准。

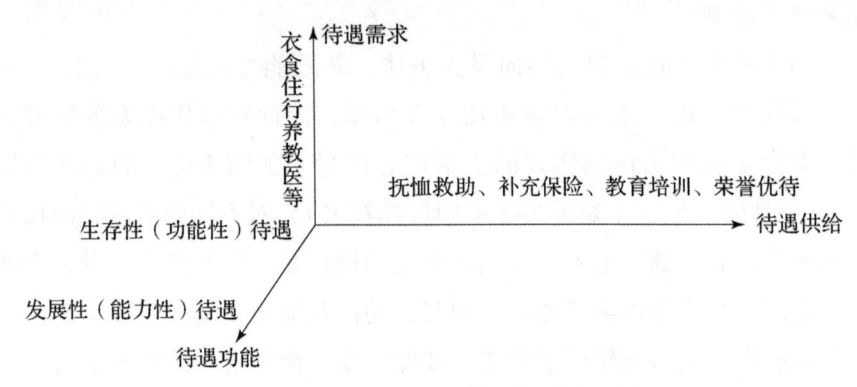

▼ 图7-3　退役军人待遇水平指标维度

（3）指标指向：根据测度目的选取可行能力指标。

在进行公共政策评价时，森提出了三种可行能力信息的应用形式（指标形式）：直接法、补充法和间接法。他认为，"这些方法各自具有某些随条件而异的优点，这些优点在很大程度上取决于赋值工作的性质、信息的可获得性以及必须做出的决策的紧迫性。实践理性的实用性质要求这么做"。[①] 简言之，即根据研究目的选取指标，确保指标的准确性、可赋值性和可信度。具体到退役军人待遇：首先，本章的

---

① 阿玛蒂亚·森. 以自由看待发展[M]. 于真, 译. 北京：中国人民大学出版社，2018：71-72.

研究目的是测量退役军人待遇水平，而非待遇制度执行绩效，因此选取指标时倾向于比较直接地反映待遇。当然，有些待遇水平不可避免要通过制度执行结果来间接体现。其次，功能向量主要通过维持基本生活的待遇来反映，能力向量主要涉及就业与教育待遇，此外还有一种兼具功能与能力的向量，即精神抚慰与荣誉待遇。根据森提出的直接法中的"突出的可行能力比较"法，结合本书第六章提出的退役军人待遇制度体系设置，这里先大致定位指标所在的维度区域（表7-1），而后从中选择具体指标。

表7-1 退役军人待遇水平指标选取区域表

待遇供给	待遇需求								待遇功能[②]
	衣食用	养老	医疗	住房	教育	就业	出行	其他	
抚恤救助	●		●	●	●[①]				功能性
补充保险		●	●	●					
培训就业					●	●			能力性
荣誉优待		●	●	●	●	●	●	●	
	功能性				能力性				待遇功能[②]

①抚恤救助待遇中的教育供需，主要是解决退役军人子女因贫辍学问题，这是一种比较特殊的情况，严格来说仍然是救助贫困，且并不是退役军人所特有的待遇，而是社会救助本应覆盖的一般国民待遇。

②功能性待遇与能力性待遇可随社会整体福利待遇结构变化有所增减、转换。

3. 指标体系构成及说明

"适度优厚、导向鲜明"的待遇水平需要通过待遇内容及其保障程度来体现，具体到退役军人待遇水平指标体系中，主要反映在指标内容与指标权重两方面。就指标内容而言，水平评价指标应覆盖待遇供给、待遇需求和待遇功能三个维度，侧重那些能够体现"守底线""防风险""促发展""树导向"目标的待遇项目。参考借鉴前人成果，经专家咨询讨论，本书将退役军人待遇水平指标体系划分为与前述待遇结构体系相吻合的抚恤救助、补充保险、就业培训、荣誉优待，加上制度发展共5类15项（表7-2）。

表7-2 退役军人待遇水平评价指标体系表

指标类型	指标项目	赋值方法	指标说明	指标功能与特征	备注
抚恤救助 W_1	W_{11} 抚恤金参照标准优势度	分别计算残疾抚恤金标准/全国职工平均工资水平×100%，定期抚恤金标准/全国城乡居民家庭人均收入水平×100%	此指标反映抚恤金水平较参照标准的优势程度，与抚恤救助待遇水平呈正比关系	功能性正指标	参照标准目前是按照《军人抚恤优待条例》确定的
	W_{12} 救助金占困难家庭可支配收入的比重	救助金/困难家庭可支配收入×100%	此指标反映救助金供给水平，与抚恤救助待遇水平呈正比关系	功能性正指标	家庭可支配收入是最终消费支出和储蓄的总和
	W_{13} 优抚医疗机构"三甲"占比	"三甲"优抚医疗机构/优抚医疗机构总数×100%	此指标反映医疗保障水平，与抚恤救助待遇水平呈正比关系	功能性正指标	
	W_{14} 临时救助住房满足率	实际入住临时救助住房家庭数/申请临时救助住房家庭数×100%	此指标反映救助层面的住房保障水平，与抚恤救助待遇水平呈正比关系	功能性正指标	
补充保险 W_2	W_{21} 补充养老保险替代率	职业年金/退休前工资水平×100%+团体人寿保险替代率/退休前工资水平×100%	这是反映补充养老保险保障度的指标，与补充养老保险待遇水平呈正比关系	能力性正指标	

第七章 建立"适度优厚，导向鲜明"的退役军人待遇水平定位机制 | 143

续表

指标类型	指标项目	赋值方法	指标说明	指标功能与特征	备注
补充保险 W_2	W_{22} 补充医疗保险覆盖率	参保续保人数/退役军人总数×100%	该指标反映补充医疗保险的规模，与补充医疗保险待遇水平呈正比关系	能力性正指标	
	W_{23} 住房公积金贷款贡献率	住房公积金贷款金额/家庭购房款总额×100%	该指标反映住房公积金对退役军人家庭购房的贡献程度，与住房待遇水平呈正比关系	能力性正指标	
就业培训 W_3	W_{31} 非自愿失业率	非自愿失业人数/退役军人总失业人数	该指标反映就业培训效果与就业保障环境，间接体现退役军人就业能力，与培训就业待遇水平呈反比关系	功能性逆指标	
	W_{32} 平均工资水平	抽样调查退役军人初次再就业的平均工资水平	就创业和教育培训待遇水平的直观反映之一，体现退役军人就创业能力及教育培训待遇效果	能力性正指标	
	W_{33} 学历教育比重	具有本科及以上学历的退役军人占退役军人总数的比例	该指标反映退役军人知识素养层次和教育培训待遇水平，间接体现退役军人就业创业能力	能力性正指标	
	W_{34} 职业资格持证比例	持有执业资格证书的退役军人占退役军人总数的比例	该指标间接体现退役军人就业能力	能力性正指标	

续表

指标类型	指标项目	赋值方法	指标说明	指标功能与特征	备注
荣誉优待 W_4	W_{41} 优待水平满意度	调查退役军人对社会优待项目及程度的满意度	包括住房、出行、教育、医疗、养老法律援助等优待项目满意度，该指标项可进一步细化	能力性正指标	面向退役军人调查
	W_{42} 公平性满意度	调查不同地区、年龄、学历、服役岗位的退役军人对待遇保障的满意度	该指标包括城乡差别、贡献差别和区域差别等方面的满意度，可进一步细化	能力性正指标	面向退役军人调查
	W_{43} 社会认同度	调查其他社会群体对优待退役军人的认可程度	该指标反映社会群体是否认可国家对退役军人实施优待保障，社会氛围上是否形成明显的崇军尚武价值导向	能力性正指标	面向全社会调查
制度发展 W_5	W_{51} 待遇支出增长幅度	上一年度待遇财政投入/本年度待遇财政投入	该指标反映国家对退役军人待遇支出的财政投入情况	正指标	

抚恤救助类指标用于反映退役军人抚恤救助的现实状况，体现退役军人待遇的底线，由救助金占困难家庭可支配收入比重、抚恤金参照标准优势度、临时救助住房满足率、优抚医疗机构"三甲"占比4个指标共同体现。

补充保险类指标用于反映退役军人在养老、医疗、住房等方面相对于其他社会群体的保障差异，也可体现退役军人保险的社会化程度，由补充养老保险替代率、补充医疗保险覆盖率和住房公积金贷款贡献率3个指标共同体现。

第七章　建立"适度优厚，导向鲜明"的退役军人待遇水平定位机制 | 145

就业培训类指标用于反映促进退役军人就创业环境、知识素质、职业技能等方面的待遇，由学历教育比重、职业资格持证率、非自愿失业比重、退役军人就业平均工资水平4个指标共同体现。

荣誉优待类指标用于反映退役军人优待内容和幅度上相对于过往的变化，由于该待遇具有特殊性，几乎没有可参照的群体，也无法进行横向客观比较，因此需要设定便于进行历史比较（即与过去比较）和主观比较（主要是满意度）的指标，包括优待水平满意度、公平性满意度、社会认同度3个指标。

制度发展类指标用于反映退役军人待遇制度的建设情况，主要通过退役军人待遇支出增长水平1个指标体现。

（三）优化待遇水平测度模型的权重

如前所述，"适度优厚、导向鲜明"的待遇水平定位机制需要在指标权重上有所体现。所谓指标权重，即反映某一指标相对于整体待遇水平的影响率或贡献率。借助有效的理论方法和计算工具初步确定指标权重，是为理论预判与现实情况相结合的重要步骤，同时也能一定程度上修正指标项目，使整个指标体系更加现实合理。

1. 算法选择

无论从可行能力的理论看，还是从人的生存发展实际看，退役军人待遇都是由多种需求侧面所构成的有机整体。虽然上述指标从不同侧面反映待遇水平，具有一定的层级性，但在确定指标权重时，却不能忽略它们之间存在的内部关联特别是相互转化、联动和替代作用，因而必须将它们还原成一个连续完整的谱系加以综合考量。所以，本节尝试运用网络层次分析法（Analytic Network Process，ANP），从整个待遇系统的高度来衡量确定具体指标权重。本节应用ANP发明者萨蒂教授参与开发的SUPER DECISIONS 2.1软件进行分析，首先根据指标影响关系建立ANP网络结构，其次分别进行指标和指标组两两比较，最后分别执行软件中的相应命令，进行一致性检验并计算未加权超矩阵、加权超矩阵和极限超矩阵，得出指标权重排序。

2. 模型构建

为反映退役军人待遇水平指标之间的相互关系，组织10名专家进行研究讨论并在形成基本共识的基础上填写《退役军人待遇水平标准评价指标影响关系表》（见附录）。通过对指标赋值的取平均处理，形成了退役军人待遇水平指标影响关系矩阵（表7-3），并按照该矩阵构建了指标网络（图7-4）。在进行指标（二级指标）两两对比时，本文按照专家赋值直接输入形成二级指标判断矩阵（图7-5），在指标组（一级指标）比较时，运用1-9标度法，由专家根据前述赋值对指标组进行两两比较（图7-6）。

表7-3 退役军人待遇水平标准评价指标影响关系矩阵

	W_{11}	W_{12}	W_{13}	W_{14}	W_{21}	W_{22}	W_{23}	W_{31}	W_{32}	W_{33}	W_{34}	W_{41}	W_{42}	W_{43}	W_{51}
W_{11}			0.3									0.7	0.7		
W_{12}												0.5			
W_{13}	0.3											1	1		
W_{14}			0.7									0.7	0.7	0.5	
W_{21}														1	
W_{22}	0.7		0.7										0.5		
W_{23}	0.3												0.9	1	
W_{31}									0.7	1	0.7	0.7	0.9		
W_{32}								0.9		1	0.7	0.5	0.7		
W_{33}	0.1		0.3			0.3						0.9	1		0.1
W_{34}	0.9		0.7		0.9	0.9	0.9					0.7	0.7		
W_{41}													0.5		
W_{42}												0.5		1	0.3
W_{43}					0.7		0.9	0.9		0.9	0.9				0.7
W_{51}	0.3	0.1	0.7	1	0.3	0.5		0.7	0.7			0.5			

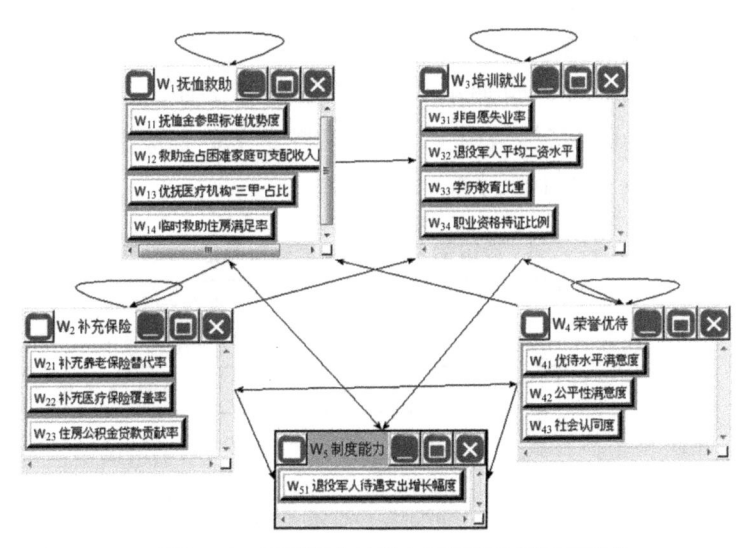

第七章 建立"适度优厚，导向鲜明"的退役军人待遇水平定位机制 | 147

▼ 图 7-4 退役军人待遇水平指标体系网络结构

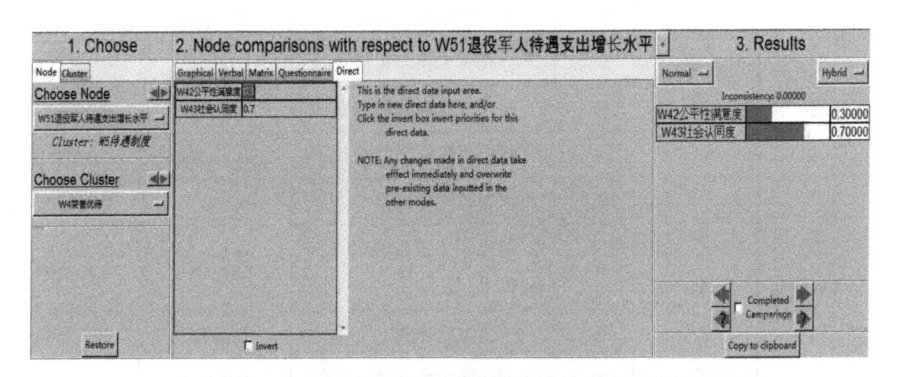

▼ 图 7-5 退役军人待遇水平指标影响关系两两比较示意图

▼ 图 7-6 退役军人待遇水平指标组影响关系两两比较示意图

3. 指标权重分析

经计算，退役军人待遇水平指标权重如表7-4所示，包括指标组（一级指标）权重、指标组中（一级指标项下）的二级指标权重和二级指标在整体待遇水平中的权重。

表7-4 退役军人待遇水平指标权重分析表

一级指标	一级指标权重	指标标号	指标名称	在一级指标项下的权重排序	总权重排序
W_1 抚恤救助	0.278737	W_{11}	抚恤金参照标准优势度	0.00126	0.000352
		W_{12}	救助金占困难家庭可支配收入比重	0.69784	0.194515
		W_{13}	优抚医疗机构"三甲"占比	0.13987	0.038986
		W_{14}	临时救助住房满足率	0.16103	0.044884
W_2 补充保险	0.135175	W_{21}	补充养老保险替代率	0.30437	0.041143
		W_{22}	补充医疗保险覆盖率	0.46968	0.063489
		W_{23}	住房公积金贷款贡献率	0.22595	0.030543
W_3 培训就业	0.232037	W_{31}	非自愿失业比重	0.10002	0.023209
		W_{32}	退役军人就业平均工资水平	0.45899	0.106503
		W_{33}	学历教育比重	0.23127	0.053664
		W_{34}	职业资格持证率	0.20971	0.048661
W_4 荣誉优待	0.165035	W_{41}	优待水平满意度	0.04643	0.007664
		W_{42}	公平性满意度	0.19039	0.031422
		W_{43}	社会认同度	0.76316	0.125949
W_5 制度能力	0.189017	W_{51}	退役军人待遇支出增长水平	0.99999	0.189017

结合该权重计算结果，从本指标体系与权重分析可得出三点结论：

第一，指标组权重相对合理，基本反映了当前待遇水平现状。在指标组（一级指标）层面，权重由高到低分别为抚恤救助——培训就

第七章 建立"适度优厚，导向鲜明"的退役军人待遇水平定位机制

业——制度能力——荣誉优待——补充保险，权重大的指标组正是当前退役军人待遇制度中重要程度较高、影响较大、矛盾较突出的方面，意味着从这些方面入手开展工作，将更明显地改善退役军人待遇整体水平，更充分地展现制度改革效力。

第二，指标权重分布能够体现制度设计的适度性和导向性。在二级指标层面，救助金占困难家庭可支配收入比重、退役军人待遇支出增长水平、社会认同度、退役军人就业平均工资水平、补充医疗保险覆盖率、学历教育比重、职业资格持证率等指标权重较高、排序靠前，贡献率较大，基本反映了"适度优厚，导向鲜明"的制度设计理念和"守底线""防风险""促发展""树导向"的制度设计目标。表明专家在对指标影响关系的研讨与赋值过程中，已经比较充分地考虑到相应待遇的重要性并取得了基本共识。

第三，ANP方法虽然能够对定性问题进行定量分析，也在AHP方法的基础上进一步反映了结构间的反馈与关联，但仍然具有很强的主观性，其分析结果在较大程度上依赖于专家的判断。目前，关于退役军人待遇研究，还不具备详实数据统计与分析的条件。因此，本章重点从理论上提出了待遇水平定位机制的理念、原则、理论方法，在此基础上运用ANP方法给出一种测度思路。待将来具备大样本、详实具体数据统计分析的条件后，可进一步运用结构方程模型、主成分分析法、因子分析法等对指标体系和权重分析进行完善。

第八章

筑牢"公正严明、权责清晰"的退役军人待遇法治根基

法治是退役军人待遇制度长效发展的重要保障。"法者，治之端也"，筑牢法治根基，退役军人合法权益才能得到有效维护，退役军人事务管理保障部门开展工作才能有的放矢、有章可循，广大退役军人才能成为社会主义法治和军人荣誉的忠实崇尚者、自觉遵守者、坚定捍卫者。本章从解析"公正严明、权责清晰"法治保障的基本要义入手，分析了筑牢法治根基的主要依据，从科学立法、依法行政、建立法律援助机制和引导退役军人自觉守法四个方面分析了具体举措。

一、"公正严明、权责清晰"退役军人待遇法治根基的基本要义

所谓"公正严明"，是指退役军人待遇保障的公平正义、整肃严格。主要体现在执法环节和司法环节。在执法环节，要增强法治思维，依法行政、合理行政，健全监督检查机制，既要确保实质公平，也要保证程序公正。在司法环节，有权利必有救济，要健全法律援助机制，帮助退役军人使用法律武器维护自身合法权益，对确实损害退役军人权利的行为要坚决予以打击。

所谓"权责清晰"，是指退役军人待遇保障法律体系中各组成部

分规范明确、边界清晰以及各法律主体职责清楚、义务明确。主要体现在立法环节、执法环节和守法环节。在立法环节，应制定立法纲要、搞好顶层设计，有序健全完善法律、行业法规、地方法规、行业规章及规范性文件组成的保障退役军人待遇的法规体系，使法律规范准确适应改革发展稳定需要，积极回应退役军人军属的期待，更好协调利益关系。还应符合立法技术要求，注重增强法律的可执行性和可操作性，做到概念明确，结构合理，切实有效。在执法环节，各级退役军人事务管理机关及内设机构职责清晰、分工明确，没有越权执法、滥用自由裁量权或不作为等行为。在守法环节，既要帮助退役军人用法律武器维护自己合法权益，也要引导他们自觉守法，坚定捍卫法律权威，珍惜国家给予的优待和荣誉。

可从以下几方面进一步理解"公正严明、权责清晰"的法治保障：

首先，法治保障与制度建设是一体两面的统一体。国家保障退役军人各项待遇的政策最终都要汇总于退役军人法规制度体系，退役军人事务部门服务管理广大退役军人的过程也表现为依法履职尽责。可以说，退役军人事务治理体系和治理能力的现代化的一个重要特征就是退役军人待遇制度的法治化。因此，推进待遇保障法治化贯穿待遇制度建设始终，一刻不可松懈。

其次，法治保障的根本目的是实现退役军人对美好生活的向往，法治建设要围绕增进退役军人福祉来展开。古罗马法学家西塞罗曾言："人民的福祉是最高的法律。"习主席在2019年的新年贺词中指出"要关爱退役军人，他们为保家卫国作出了贡献。"关心关爱退役军人落实到制度上，就是要立法维护退役军人权利，增进退役军人获得感、安全感、幸福感。退役军人的基本生存权、平等就业权、发展权、荣誉权也是退役军人权利的重要内容。通过法治保障，使退役军人老有所养、病有所医、住有所居、弱有所扶，使退役军人的个人价值能够得到充分发挥，权利诉求能够得到有效表达，生活得尊严体面，也就实现了待遇制度的初衷。

在当前阶段，还应引起高度重视的是要处理好推进法治与深化改革的关系。从我国各领域实践来看，存在着"先行先试"的工作现象，"立法先行"理念与"先试点、后立法"的实践要求相冲突。先行试点往往需要突破创新，容易与有法可依产生冲突。当前，正处于军事政策制度改革与退役军人事务部门大力开展工作的交汇期，修订不合时宜的旧法需要经过修法程序和一定时间，出台符合改革要求的新法也需要经过立法程序与取得广泛共识，因此，推进法治与深化改革的矛盾更为突出，处理好这一关系更要高度重视实质公平与程序公正。

二、筑牢"公正严明、权责清晰"退役军人待遇法治根基的主要依据

法治是退役军人待遇制度长效发展的重要保障。从当前实践来看，还存在着法治精神淡薄、法律体系不健全、法规内容相冲突等问题，给有效维护退役军人的合法权益造成了被动。从现状问题和国外经验来分析，应筑牢"公正严明、权责清晰"的法治根基。

（一）从破解法治建设矛盾瓶颈来看，应筑牢"公正严明、权责清晰"的法治根基

党的二十届三中全会审议通过的《中共中央关于进一步全面深化改革、推进中国式现代化的决定》把"坚持全面依法治国"作为进一步全面深化改革的重大原则之一。应该认识到，退役军人待遇制度要想长效发展，离不开"公正严明、权责清晰"的法治根基。但从目前来看，退役军人待遇保障的法治化程度距离国家治理体系和治理能力现代化的要求还有一定差距。主要体现在以下三个方面：

一是法治精神淡薄。法治以法律至上、制约权力、保障权利、程序公正等为基本精神。长期以来，对于军人和退役军人，社会价值倾向于"义务首位"，讲牺牲奉献多，讲权利保障少，没有把对军人待

遇的认识提高到国家安全的高度，也没有把对退役军人的保障提高到民族自尊心荣誉感的高度。对于退役军人的一些合理诉求，缺乏完善的权利救济机制，往往以行政代替法治，导致部分退役军人通过不合理的方式反映待遇诉求。应该认识到，这些事件背后折射出的正是法治精神的淡薄。二是法制建设相对滞后。《退役军人保障法》对退役军人的移交接收、退役安置、教育培训、就业创业、服务保障、优待抚恤等作了整体设计和系统规范，既明确了当前及今后一段时期退役军人合法权益的具体内容，分置了各方责任归属，也为相关法律法规修订提供了总纲领，从法理上、强制性上为退役军人的合法权益提供了坚实的保障。但是，《退役军人保障法》是宏观、原则性的要求，对退役军人的优待保障也需要更加细化、可落地的补充法规作保障。三是权责关系模糊。法治的核心要义是规范公权、保障私权，这就需要依法行政，建设法治政府。从实际情况来看，由于退役军人法律体系尚未健全、法规内容还有相冲突的部分、法律救济机制还不完善等问题，给依法行政带来了很大困难。特别是对待遇保障项目的规范没有做到既边界清晰又有效衔接，对待遇保障主体的职权范围和责任分担没有进行明确，使依法行政难以做到有的放矢。因此，从有效解决现有矛盾问题，继而推进退役军人待遇制度长效发展来看，应筑牢"公正严明、权责清晰"的法治根基。

（二）从有效维护退役军人合法权益来看，应筑牢"公正严明、权责清晰"的法治根基

良法善治要以人为本，应充分尊重和保障退役军人的合理需求、合法权益，彰显公平正义的价值取向。哪些需求是合理需求，哪些权益是应予法律保障，在内容上是动态变化的。党的十九大报告提出的"民生七有"为界定退役军人合法权益提供了重要依据。结合本书第一章分析提出的退役军人生存发展和精神抚慰需求，可认为其合法权益至少应包括基本生存权、平等就业权、发展权和荣誉权。从目前实践

来看,这几部分权益都在一定程度上存在保障不到位的问题。

生存权是作为社会人为了生存必不可少的权利,是人权的基础。从基本生存权来看,退役军人保险与基本社会保险衔接机制还不健全,部分自主就业士兵未能及时接续保险关系或参保后因各种原因中断缴费,养老与医疗保障存在较大困难。此外,因优抚医院建设较为滞后,许多按政策应入住光荣院、优抚医院的一级至四级残疾军人只能居家护理,无法入住退役军人保障机构享受生活照料。从平等就业权来看,就业是最大的民生。但市场实践证明,退役军人在就业时往往面临隐形歧视,平等就业权的形式平等大致实现,实质平等任重道远。转业到政府或企业的退役军人有不少面临"边缘工作"、"前门接收、后门下岗"的窘境。从发展权来看,发展是人类社会永恒的主题,寄托着生存和希望。发展权的直接指向是提高劳动能力。目前,军人退役后的学历培训与岗位适应培训逐步完善和规范,但是退役前的人力资源跟踪指导和职业生涯规划还没有建立起来。还未能将退役军人作为优质人力资源来开发。从荣誉权来看,现行法律对退役军人的优待还集中在重点优抚对象、伤残退役军人等特殊群体上,还没有出台针对全体退役军人的具体、详尽的优待实施办法。综上所述,从有效维护退役军人合法权益来看,应筑牢"公正严明、权责清晰"的法治根基。

(三)从国外待遇制度建设相关经验来看,应筑牢"公正严明、权责清晰"的法治根基

通过健全退役军人保障法规体系以及完善相应的监督检查机制,来确保退役军人合法权益得到保障,是世界军事强国的普遍做法。特别是在实行军官职业化的国家,军人退役制度的法治化程度普遍较高。为推进我国退役军人法治建设提供了有益借鉴。

一是法律体系完备,内容覆盖退役保障的各个方面。德国颁发了《军人法》《退役军人法》《军官生涯法》《军人保障法》《职业培训工作促进法》和《护理法》等。加拿大有《退役军人事务部法》《退役军人

福利法》《退役军人保险法》等 10 多部专门法律和 30 多个条例，形成了完整的退役军人待遇保障法规体系。二是法律规范明晰，便于严格执法。通过法律明确退役军人的权利与国家政府的义务，规范待遇保障的原则、内容、方式、执行以及权利受损的救济途径，既便于严格执法，也使得待遇制度比较稳定，不容易引起不同时期退役军人之间的攀比与矛盾。如美国 1944 年通过的《退役军人权利法案》和 1984 年通过的《蒙哥马利法案》奠定了退役军人教育资助的政策基础，之后只是随物价指数定期调整退役金待遇水平，但保障方式没有大的变动。德国现行政策法规均沿袭了 1871 年《军人恩给法》和 1920 年的《退役军人文官任用法》两部法典的基本原则，不论政府更迭还是形势变化，都没有出现大的政策波动。三是注重健全监督机制，对法律的执行情况及时监督检查。如意大利《军事刑法典》规定，对退役军官实施犯罪与对现役军官实施犯罪同等对待，按照军事刑法从重处罚。通过上述制度措施，有效维护了退役军人的合法权益，为我们提供了有益借鉴。

三、筑牢"公正严明、权责清晰"退役军人待遇法治根基的具体举措

法治保障是包括法律规范体系和法律运行体系在内的系统工程。按照全面推进依法治国战略部署的四项核心内容（即科学立法、严格执法、公正司法、全民守法），本部分从制定立法纲要、推进法规体系建设，明确权责关系、确保依法行政，建立法律援助机制、促进司法公正和建立个人诚信机制、引导退役军人自觉守法四个方面来阐述筑牢"公正严明、权责清晰"退役军人待遇法治根基的具体举措。

（一）制定立法纲要，推进法规体系建设

科学立法是实现有法可依的先决条件。退役军人待遇立法既涉及

到上位法的修订完善，又涉及到现行法规政策中重叠、交叉与冲突部分的协调变更，还涉及到随着经济社会发展需要新增加规范的内容，在立法过程中要特别注意克服概念模糊、政策碎片、衔接不畅等问题，要搞好顶层设计，推进体系建设。

首先要明确立法的基本理念和原则。退役军人待遇立法的理念原则，集中体现着保障退役军人待遇的本质和精神，主导整个退役军人待遇保障法规体系建设，是待遇保障法的核心和灵魂。一是以宪法为依据，与已有的法律法规相统一。宪法是国家根本大法，是退役军人待遇保障法治化的根本遵循。退役军人待遇保障法规的制定要体现宪法所规定的基本精神。同时，在新的立法中，要全面审视已有的法律法规和地方性规定，既充分考虑连续性、稳定性和继承性，又要及时修订法规中不合时宜或存在冲突的内容。二是与国家和军队的改革发展相适应。退役军人保障既要顺应国家民生保障发展大势，更要符合国防和军队改革要求，与军队政策制度改革相衔接配套。要坚持发扬尊崇军人的优良传统，也要处理好与其他社会群体的关系。使退役军人保障与社会其他群体利益相向而行。三要切实维护退役军人合法权益。要按照公平理念，遵循基本保障原则，应明确规范保障退役军人的基本生存权。按照平等理念，遵循弱者权利保护原则，应明确规范保障退役军人的平等就业权。按照发展理念，遵循人尽其才原则，应明确规范保障退役军人的发展权。按照尊崇理念，遵循优待原则，应明确规范保障退役军人的荣誉权。四是要注重学习借鉴有益经验。不少国家在保障退役军人方面具有较为完备的法规制度，且这些制度具有很强的连续性和稳定性，能够为我们提供一定的借鉴参考。

其次要明确规范内容事项。退役军人保障的系列法规应重点围绕以下几个方面内容。一是界定退役军人待遇保障的对象。除广大退役军人外，还应包括烈士、因公牺牲、病故军人遗属等各类与军事职业密切相关的人员。二是树立退役军人待遇保障的基本原则。坚持以人为本、待遇从优、公平公正和强军导向的原则，更好地适应强军兴军

第八章 筑牢"公正严明、权责清晰"的退役军人待遇法治根基 | 157

新形势。三是厘清退役军人待遇保障的基本制度。主要包括对权利、荣誉与尊严的保护，应享受的养老、医疗、住房等基本生活保障，在财产所有权与税收方面享有的优惠，以及伤亡人员的抚恤优待等。四是明确退役军人待遇保障的责任主体。加强中央事权，加大中央财政支出力度，明确军队的责任主要是提出需求、监督落实，地方政府主要是完善配套措施、健全保障体系，确保退役军人生活水平与当地经济发展水平相适应。五是法律责任和权益保障途径。明确对损害退役军人待遇的行为，可采取行政诉讼、民事诉讼、劳动仲裁等多种法律救助措施。对有关单位和直接责任人，应处以经济处罚和行政问责，甚至依法追究刑事责任。

最后要合理搭建立法框架。要通过不断健全完善退役军人待遇保障法规，区分层级，构建形成系统完备的法规体系。按照立法理念、原则与立法技术要求，本书对退役军人待遇法规体系做了一个示例性构想（图8-1）。位于第一层次的是由全国人大制定的《宪法》中关于退役军人保障的条款；位于第二层次的是由全国人大及其常委会制定的专门的退役军人保障法律和其他法律中关于退役军人保障的条款；位于第三层次的是由国务院制定的退役军人保障行政法规、条例和地方人大及其常委会制定的退役军人保障地方性法规；位于第四层次的是由退役军人事务部或国务院其他部门制定的退役军人保障规章和地方政府制定的行政规章；位于第五层次的是由上述各行政主体制定的退役军人保障规范性文件。原则上，上位法优于下位法（比如《退役军人保障法》优于《军人优待抚恤条例》），中央立法优于地方立法（比如《军人优待抚恤条例》优于《北京市实施〈军人条例优待抚恤〉办法》），同级权力机关的立法高于同级行政机关的立法（比如北京市人大制定的法规优于北京市人民政府制定的法规）。在制定法律时，下位法不得与上位法相冲突，在司法适用时，也应遵循上述原则。

158 | 我国退役军人待遇制度创新研究

第一层次
宪法中保障退役军人的条款 —— 宪法 —— 全国人大制定

第二层次
退役军人保障法律、其他法律中的退役军人保障条款
- 兵役法
- 国防法
- 军人保险法
- 退役军人保障法
- 英雄烈士保护法

全国人大及其常委会制定

第三层次
退役军人保障行政法规、退役军人保障地方性法规
- 军人优待抚恤条例
- 烈士褒扬条例
- 退役士兵安置条例
- 军队转业干部安置暂行办法

（虚线框）
- 军人抚恤条例
- 退役军人荣誉优待条例
- 退役军人安置条例
- 退役军人保险条例
- 退役军人继续教育条例
- 退役军人就业创业条例

行政法规由国务院制定；地方性法规由省、自治区、设区的市人大及其常委会制定

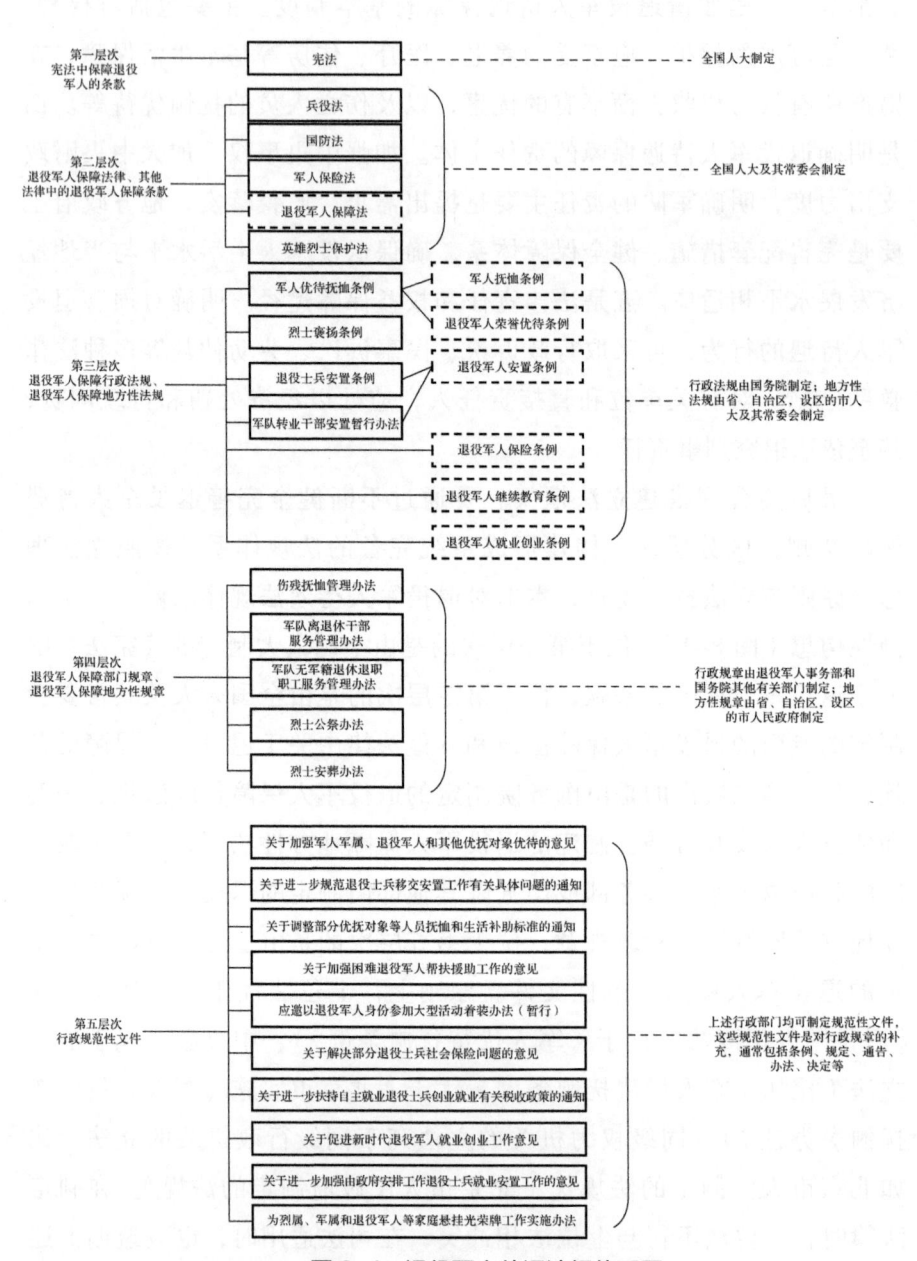

第四层次
退役军人保障部门规章、退役军人保障地方性规章
- 伤残抚恤管理办法
- 军队离退休干部服务管理办法
- 军队无军籍退休退职职工服务管理办法
- 烈士公祭办法
- 烈士安葬办法

行政规章由退役军人事务部和国务院其他有关部门制定；地方性规章由省、自治区、设区的市人民政府制定

第五层次
行政规范性文件
- 关于加强军人军属、退役军人和其他优抚对象优待的意见
- 关于进一步规范退役士兵移交安置工作有关具体问题的通知
- 关于调整部分优抚对象等人员抚恤和生活补助标准的通知
- 关于加强困难退役军人帮扶援助工作的意见
- 应邀以退役军人身份参加大型活动着装办法（暂行）
- 关于解决部分退役士兵社会保险问题的意见
- 关于进一步扶持自主就业退役士兵创业就业有关税收政策的通知
- 关于促进新时代退役军人就业创业工作意见
- 关于进一步加强由政府安排工作退役士兵就业安置工作的意见
- 为烈属、军属和退役军人等家庭悬挂光荣牌工作实施办法

上述行政部门均可制定规范性文件，这些规范性文件是对行政规章的补充，通常包括条例、规定、通告、办法、决定等

▶ 图 8-1　退役军人待遇法规体系图

（二）明确权责关系，确保依法行政

法律的灵魂在公正，法律的生命力在实施。法治的基本内核之一就是要规范公权、保障私权。对于退役军人的权利，法无禁止皆可为。而对于行政机关的职权，则是法无授权不可为。明确权责关系，确保依法行政有两层含义：

一是在行政机关之间，各级政府职权法定、依法履职。退役军人事务部及其省、市延伸机构具有退役军人待遇管理保障的权力和责任，包括相关法规政策制定权、日常运作管理权、资金筹集发放权等。所谓权责一致，就是要通过法律明确各级政府在退役军人保障服务与事务中应承担的职责任务，再根据职责任务来授予相应的权力，给予相应的财力配置。财权事权划分问题，不仅是退役军人待遇保障的历史遗留问题，也是我国在经济社会改革进程中许多公共治理领域面临的共性问题。在退役军人待遇保障上，应坚持中央政府承担基本责任，地方政府承担补充责任，推行"基准"加"补充"相结合的退役军人待遇保障制度。从目前来看，退役军人的养老保障、优抚对象的抚恤金、义务兵优待金应作为国家基准保障项目，由中央政府制定全国统一的保障标准，并由中央财政全额预算保障；退役军人的医疗、住房、就业、优待服务等项目划归为中央和地方共同事权，由中央和地方按照一定比例共同分担财政支出责任。还应根据不同地区的经济发展水平、所负担的保障人口规模等因素，由中央政府通过转移支付提供财政补助支持。力争通过法律规范，发挥中央和地方各自的积极性，构建权责清晰、运行顺畅、充满活力的工作体系。推进中央与地方事务划分的制度化、法制化，要求各级政府事务划分主要用法律形式固定下来，并且其改革调整的内容、程序、方式也要有明确的法律依据。

二是在行政机关外部，依法维护服务管理保障机构与退役军人之间的和谐关系。没有用行政命令代替法律规范，用"人治"代替"法治"，正确行使职权。"政府与人民的关系是依法行政立论的基本点，一切观点和制度都以此为出发点和归宿。"①军人服役时，要求绝对服从。军人退役后，退役军人管理保障机构与他们的关系不再是特别权力关系，其服务保障成份更多，在履职尽责时应牢记政府的权力来自人民，政府机构是执行人民意志的机关。随着退役军人法规体系的健全，对于退役军人的合理利益诉求，行政机构应尽到宣法普法的职责，对于确实损害退役军人权利的行为，行政机构应积极提供帮助与救济。

（三）建立法律援助机制，促进司法公正

法律援助制度是人类法制文明和法律文化发展到一定阶段的必然产物，是世界各国普遍采用的司法救济制度。在我国，法律援助属于社会救助中的非金钱救助，也称法律扶助或法律救济，是国家对经济困难和其他符合法定条件的公民给予提供法律帮助并免收法律服务费用的一项制度。由于我国长期有"内部行政关系"的传统，再加上普法与宣法工作不到位，长期以来，许多权利受损的退役军人往往采用不适当的方式寻求救济，而地方政府人力财力有限，难以完全解决退役军人的诉求，沟通不当还容易损害彼此间的信任。完善法律援助制度是全面推进依法治国的一项重要举措。退役军人制度建设，也应健全法律援助机制，强化行政复议机构化解纠纷的能力，维护退役军人合法权益。

在我国《法律援助条例》与《刑事诉讼法》确立的法律援助机制中，法律援助机构处于法律援助体系的核心。下一步，可考虑结合军人法律援助机构，设置退役军人法律援助部门，在增加专业工作人员的数量、提高援助律师的补助、加大法律援助宣传等方面重点解决。比如成立退役军人上诉委员会作为退役军人事务部的独立机构，为退役军人的权益诉求提供行政救济，在穷尽行政救济之后，退役军人可向专属管辖退役军人权益诉求的退役军人索赔上诉法院提出上诉，寻

---

① 应松年.依法行政论纲[J].中国法学，1997（1）：32.

求司法救济。同时构建多元的退役军人法律援助机制，如果没有法律援助或者虽有法律援助但程序、渠道不充分、不完善，那么所谓"权利"也就变得似有若无，沦为一种虚幻的"纸面上"的权利。

（四）建立个人诚信机制，引导退役军人自觉守法

退役军人既是国家和社会的服务保障对象，也是社会主义现代化建设的重要力量，相当一部分退役军人还是中国共产党党员，应发挥先锋模范作用，争做法律权威的维护者、诚实守信的"领头羊"。筑牢"公正严明、权责清晰"的法治根基，除了科学立法、严格执法、公正司法以外，引导退役军人自觉守法也是其题中之义。

首先，要增强退役军人守法意识。日本学者川岛武宣将守法精神的内核归纳为两个基本内容："对自己权利的主张"和"对他人权利的承认和尊重"。"对自己权利的主张"，是指要珍惜和捍卫自己的权利。"对他人权利的承认和尊重"，是指要正确处理与他人的社会关系。增强退役军人守法意识，一是要加强法律宣贯力度，使其知法懂法，知道哪些是自己的合法权益，哪些是超出法律规定的不合理的利益诉求，正确认识国家对退役军人的优待是以社会整体利益为前提的，客观看待自身与其他社会群体的关系。二是要使其具备使用法律武器主张自己权利的能力，要引导退役军人通过法律程序来表达诉求、维护权利、解决纷争。通过健全法律援助机制，为退役军人的权益诉求提供行政救济，在穷尽行政救济之后，也可寻求司法救济。保证其合法权益的依法享有。

其次，要建立个人诚实信用机制。退役军人行使法定权利，也要自觉履行法定义务，承担法律责任。除应履行的公民义务外，退役军人还负有自觉维护军人和军队的形象的义务。国家立法优待退役军人，"退役军人"成了具有社会影响力的符号。要注重教育引导退役军人，珍惜自己的权利和荣誉，维护全体退役军人的权利和荣誉。

参考文献

[1] 中共中央关于坚持和完善中国特色社会主义制度 推进国家治理体系和治理能力现代化若干重大问题的决定［M］.北京：人民出版社，2019.

[2] 马克思恩格斯选集：第1卷［M］.北京：人民出版社，2012.

[3] 卡尔·马克思.资本论［M］.北京：人民出版社，1960.

[4] 刘向.说苑（引《墨子》佚文）［M］.北京：中华书局，2019.

[5] 穆怀中.社会保障国际比较［M］.北京：中国劳动与社会保障出版社，2014.

[6] 王书峰.美国退役军人教育资助政策形成与变迁研究［M］.广州：广东高等教育出版社，2009.

[7] 若米尼.战争的艺术［M］.盛峰峻，译.武汉：武汉大学出版社，2013：33.

[8] 毛泽东文集（第1卷）［M］.北京：人民出版社，1993.

[9] 张成富，李贵富.外国军队怎样做军管人事管理工作［M］.北京：国防大学出版社，2010.

[10] 聂和兴，张东江.中国军人社会保障制度改革研究［M］.北京：解放军出版社，2000.

[11] 李安.中国军人社会保障制度改革与探索［M］.北京：海潮出版社．

[12] 罗保华.美国退役军人权益保障制度研究［M］.北京：法律出版社，2018.

[13] 阿玛蒂亚·森.以自由看待发展［M］.于真，译.北京：中国人民大学出版社，2018.

[14] 阿玛蒂亚·森.资源、价值和发展［M］.杨茂林，郭婕，译.长春：吉林人民出版社，2011.

[15] 保罗·萨缪尔森，威廉·诺德豪斯.经济学［M］.萧琛，主译.17版.北京：人民邮电出版社，2004.

[16] 韩中庚.数学建模方法及其应用（第3版）［M］.北京：高等教育出版社，2017.

[17] 朱星宇，陈勇强.SPSS多元统计分析方法及应用［M］.北京：清华大学出版社，2011.

[18] 叶义成, 柯丽华, 黄德育. 统计综合评价技术及其应用 [M]. 北京: 冶金工业出版社, 2006.

[19] 郭飞. 军官职业化研究 [M]. 北京: 军事科学出版社, 2006.

[20] 张万松, 占国桥. 外国军人薪金保障 [M]. 北京: 海潮出版社, 2008.

[21] 郝万禄, 李秀朋. 中国军人收入分配制度研究 [M]. 北京: 中国经济出版社, 2005.

[22] 郝万禄. 中国军队福利制度研究 [M]. 北京: 国防大学出版社, 2001.

[23] 顾建一. 军费经济学 [M]. 北京: 解放军出版社, 2003.

[24] 田小文. 外国兵役制度概览 [M]. 北京: 军事科学出版社, 1997.

[25] 翟钢. 美国国防费管理概况 [M]. 北京: 国防工业出版社, 2007.

[26] 赵俊兰. 军人薪酬的理论与制度 [M]. 北京: 中国经济出版社, 2005.

[27] 丁学洲. 国防人力资源开发与管理 [M]. 北京: 国防大学出版社, 2009.

[28] 刘诚, 陈婷. 聚焦美军 [M]. 北京: 解放军出版社, 2005.

[29] 龚运涛. 军队财务理论与实践 [M]. 北京: 军事科学出版社, 2009.

[30] 田学斌. 家庭消费结构演变的制度分析 [M]. 北京: 中国社会科学出版社, 2007.

[31] 李实, 张平, 魏众, 等. 中国居民收入分配实证分析 [M]. 北京: 社会科学文献出版社, 2000.

[32] 理查德·斯塔特利. 经济指标指南 [M]. 寇文红, 译. 大连: 东北财经大学出版社, 2007.

[33] 杜为公, 顾昌学. 西方军事人力经济学研究 [M]. 北京: 海潮出版社, 2006.

[34] 刘俊生. 中国人事制度概要 [M]. 北京: 清华大学出版社, 2009.

[35] 胡光正. 军队结构学 [M]. 北京: 军事科学出版社, 2008.

[36] 龚波. 中美军队人事管理制度比较研究 [M]. 北京: 军事科学出版社, 2006.

[37] 任志强. 兵役学 [M]. 北京: 军事科学出版社, 2009.

[38] 邹波, 李晓. 美国退役军人事务管理 [M]. 北京: 中国社会科学出版社, 2007.

[39] 刘向东. 美军军官职业教育研究 [M]. 上海: 复旦大学出版社, 2009.

[40] 李子奈. 计量经济学: 方法和应用 [M]. 北京: 清华大学出版社, 1992.

[41] 曹百瑛. 马克思人的本质及人的全面发展理论再省思 [J]. 理论探讨, 2012 (5): 173.

[42] 翁良殊, 路日亮. 人的需要与社会主要矛盾的转变 [J]. 北京交通大学学报 (社会科学版), 2019 (7): 147.

[43] 胡家勇. 论人的需要及其实现 [J]. 中州学刊, 2019 (10): 25.

［44］左亚文，刘争明.论逻辑矛盾与辩证矛盾及其辩证关系：矛盾辩证法再探之一［J］.马克思主义理论学科研究，2019（5）：44.

［45］张小瑛，张俊山.论制度"三方面两层次"的内容构成及其与经济发展的关系［J］.当代经济研究，2016（4）：58-59.

［46］张俊山.对生产力与生产关系范畴及其矛盾的再认识［J］.教学与研究，2015（12）：48.

［47］郭继东.对完善当前自主择业政策的思考［J］.转业军官，2013（4）：22-23.

［48］杨临宏.特别权力关系理论研究［J］.法学论坛，2001（7）：58.

［49］胡建淼."特别权力关系"理论与中国的行政立法［J］.中国法学，2005（5）：60.

［50］董鑫.试论我国公务员权利救济之框架［J］.法学论坛，2006（5）：84.

［51］黄惠运.中央苏区社会保障机构建设述论［J］.江西社会科学，2010（7）：153.

［52］张晶.多种方式相结合的退役士兵安置制度［J］.转业军官，2012（12）：41-43.

［53］王建新.当前我国退役士兵安置存在的矛盾及对策［J］.华北军事，2014（6）.

［54］罗济.我国退役士兵安置制度面临的矛盾及其对策［J］.社会主义研究，2008(6)：74-78.

［55］廖国庚，曾立，郭勤.论我国退役士兵自主就业政策的完善［J］.军事经济研究，2017（9）.

［56］刘冬青.完善军人退役经济补偿制度的设想［J］.军事经济研究，2011（12）：31-32.

［57］初晖.科学构建军人退役补偿机制的思考［J］.军事经济研究，2013（7）：37-39.

［58］王思遥.退役安置权益保护的法律途径［J］.转业军官，2013（5）.

［59］张伟佳.新中国军人退役安置制度之历史演变［J］.军事历史研究，2009（2）：53-56.

［60］但洪敏.我国退役军官安置的经验教训［J］国防，2015（11）：53-55.

［61］范军.近代中国退役军人安置的历史经验［J］.转业军官，2012（12）：22-23.

［62］王茂生，王建军.军队干部退役经济补偿面临的问题与对策［J］军事经济研究，2012（9）：37-38.

［63］崔希福.社会制度变迁规律新论［J］.江西社会科学，2006（2）：32.

［64］俞春涌.当前军队转业干部退役安置存在的问题与对策［J］.决策咨询通讯，2007（1）：62-65.

[65] 马永富、姚希智.建立退役军人教育资助制度的构想[J].中国军事科学,2011（2）:101-109.

[66] 孟李.外国退役军官政治待遇一瞥[J].转业军官,2010（6）:36-37.

[67] 迟维政.世界发达国家退役军人安置工作的主要特点[J].国防,2016（4）:55-57.

[68] 徐鹏.外国军官退役后如何就业[J].转业军官,2011（5）:32-33.

[69] 朱华.外国退役军人非政府组织的启示[J].训练与科技,2012,33（2）:97-100.

[70] 白虎虎.国外退役军官住房保障概览[J].转业军官,2016（4）:38-39.

[71] 邹波.国外退役军人管理模式的启示[J].国防参考,2016（3-4）:31-35.

[72] 安之轩.美国退伍军人福利待遇有哪些[J].转业军官,2015（5）:32-35.

[73] 廖国庚,刘宗胜.美国退役军人就业优待政策及启示[J].转业军官,2010（8）:33-35.

[74] 杨征兵.美国退役军人安置机构组织概况[J].转业军官,2012（5）:33-35.

[75] 朱军、王哲.美国退役军人组织的人员组成概况[J].转业军官,2012（12）:46-47.

[76] 靳现存.美国军人退役制度改革设想[J].教育训练参考,2013（2）:43-46.

[77] 井玉刚.俄罗斯退役军官培训情况概览[J].转业军官,2013（6）:22-24.

[78] 郭传宣.法国退役军人安置与培训概况[J].转业军官,2011（10）:38-43.

[79] 熊世英,钱斯文.法国军人退役政策概览[J].后勤学术,2015,468（4S）:112.

[80] 范军.巴基斯坦军官退役制度简介[J].转业军官,2010（3）:40-41.

[81] 王培志,张裔.印度退役军官安置制度概述[J].转业军官,2013（7）:25-27.

[82] 白虎虎.日本军官退役制度概览[J].转业军官,2012（2）:34-35.

[83] 王培志.韩国军官退役制度概览[J].转业军官,2013（11）:21-23.

[84] 廖国庚.英国对退役军人的就业支持[J].转业军官,2012（3）:32-33.

[85] 廖国庚.澳大利亚对退役军人的就业支持[J].转业军官,2012（6）:33-35.

[86] 周彦利.德国对退役军人就业的政策支持[J].转业军官,2014（8）:42-43.

[87] 周彦利.英国怎么帮助退役军官就业[J].转业军官,2015（2）:32-33.

[88] 王众.新中国退役军人安置研究评述[J].山东社会科学,2009（9）:138.

[89] 高振强.论法治精神的逻辑内涵和外延[J].贵州社会科学,2009（5）:84.

[90] 喻亚海.军队转业干部人才资源开发研究[D].湘潭:湘潭大学,2010.

［91］江力平.中国转业军官培训模式研究［D］.北京：中国地质大学，2013.

［92］星光.内蒙古地区退役军官转业安置成效、问题及其对策分析［D］.呼和浩特：内蒙古大学，2017.

［93］甘洋.军队转业干部安置模式研究：以深圳市为研究对象［D］.深圳：深圳大学，2013.

［94］张毅.军队转业干部自主择业安置效果分析［D］.长春：吉林大学，2011.

［95］万莉.当代中国退役军人安置制度改革研究［D］.上海：复旦大学，2009.

［96］廖可元.退役军人安置研究［D］.长沙：湖南大学，2007.

［97］陈荫洲.我国退役军官安置制度研究［D］.长沙：中南大学，2011.

［98］秦金瑞.我国退役军官安置制度研究［D］.杭州：浙江财经学院，2012.

［99］王岩.退役士兵安置制度研究［D］.北京：中国政法大学，2011.

［100］翁敏.家庭资本对退役士兵自主就业影响的调查研究.［D］.南京：南京理工大学，2017.

［101］夏辉.非政府组织在退役军人社会保障供给中发挥作用的研究［D］.天津：天津大学，2011.

［102］苏红艺.参战退役人员的优抚安置政策研究［D］.上海：华东师范大学，2009.

［103］王光路.身份对相对剥夺感的研究［D］.武汉：华中师范大学，2009.

［104］张鹏伟.退役士兵再教育问题研究［D］.重庆：重庆师范大学，2016.

［105］李明海.试析转业干部就业难的问题及其解决之道［D］.成都：四川大学，2007.

［106］腾晓波.中国特色军队转业干部安置问题研究［D］.武汉：武汉大学，2009.

［107］韩苗苗.职业化视角下团级军官退役安置问题研究：以陕西省退役军官安置为例［D］.长沙：国防科技大学，2011.

［108］冯亚川.中国退役军官安置制度研究：以军官职业化为视角［D］.南京：南京航空航天大学，2016.

［109］范磊生.职业军官退役安置问题及对策研究：以X市退役军官安置措施为例［D］.大连：大连理工大学，2016.

［110］祁智宏.中国退役军人经济补偿的经济学分析［D］.西安：西北大学，2007.

［111］尹传政.当代中国的优抚制度［D］.北京：中央党校，2013.

［112］陈建平.当前优抚安置对象的服务管理需求研究［D］.长沙：湖南师范大学，2014.

［113］郎鹏鹏.晋察冀抗日根据地优抚制度［D］.石家庄：河北师范大学，2007.

[114] 张红莲.陕甘宁边区及华北抗日根据地优抚工作研究［D］.新乡：河南师范大学，2008.

[115] 王文广.完善中国特色军人社会保障制度研究［D］.长春：东北师范大学，2006.

[116] 牟海侠.现代中国军人社会保障问题研究［D］.哈尔滨：黑龙江大学，2011.

[117] 余华志.现阶段我国军人社会保障制度研究［D］.武汉：华中师范大学，2001.

[118] 杭志勇.抗战时期陕甘宁边区社会保障研究［D］.兰州：兰州大学，2010.

[119] 夏辉.非政府组织在退役军人社会保障供给中的作用发挥［D］.天津：天津大学，2011.

[120] 李凌峰.关于完善自主择业退役军人安置法律制度的思考［D］.长春：吉林大学，2012.

[121] 叶琴.我国退役士兵安置法律制度研究［D］.长春：吉林大学，2012.

[122] 李国强.职业化视角下退役军官安置制度改革研究：以上海市退役军官安置为例［D］.上海：华东师范大学，2014.

[123] 熊章辉.我国革命残疾军人社会保障研究［D］.武汉：华中师范大，2014.

[124] 徐鹏.我国转业军官安置方式改革的路径与对策分析［D］.济南：山东大学，2008.

[125] 孙进.军转干部安置现状及对策研究：以江西省为例［D］.南昌：南昌大学，2010.

[126] 袁欣.军转干部自主择业安置研究：以南京市为例［D］.南京：南京师范大学，2012.

[127] 邱娟莲.转业干部安置、群体性上访与社会稳定研究［D］.南昌：南昌大学，2014.

[128] 叶庆双.我国现行军官转业安置政策模式面临的问题及对策：以第二军医大学为例［D］.上海：华东师范大学，2012.

[129] 周建成.新时期中国退役军人就业安置问题研究［D］.福州：福建师范大学，2008.

[130] 张一.军转安置中的政府责任研究［D］.长春：吉林大学，2009.

[131] 谢锋.我国退役军官安置法律制度研究［D］.重庆：西南大学，2016.

[132] Department of Veterans Affairs.Va History in Brief［Z］.Washington DC：Government Printing Office，2006.

[133] Department of Veterans Affairs.VA History in Brief［Z］.Washington DC：Government

Printing Office, 2006.

[134] CLAYTON A P.Existence, Relatedness, and Growth [M].New York: Free Press, 1972.

[135] HENEMAN, HERBERT and DONALD P SCHWAB.Pay satisfaction: Its multidimensional nature and measurement [G].International Journal of Psychology, 1985, 20 (2): 129-141.

[136] AROL D, LUST A J.Understanding and measuring employee benefit satisfaction [J]. Benefit Quarterly, 1995, 11 (1): 69-75.

[137] SAMUELSON, P A.The Pure Theory of Public Expenditure [J].Review of Economics and Statistics.1954 (11): 387-389.

[138] RESCH J P.Americans at War: Culture, Society, and the Home front(1901-1945)[J]. Thomson Gale, 2005, 3: 191-192.

[139] Pensions at glance 2011: Retirement-income Systems in OECD and G20 Countries [R]. OECD Publishing, 2021.

[140] Ingrid Robeyns.Sen's Capabilities Approach: a theoretical survey [J].Journal of Human Development.Vol.6.No.1, March 2005.

附录
《评价指标影响关系评分表》

以下是本书梳理研讨形成的退役军人待遇水平评价指标体系，包含5类15项。

表1 退役军人待遇水平评价指标体系表

指标类型	指标项目	赋值方法	指标说明
抚恤救助 W_1	W_{11} 抚恤金参照标准优势度	分别计算残疾抚恤金标准/全国职工平均工资水平 × 100%，定期抚恤金标准/全国城乡居民家庭人均收入水平 × 100%	此指标反映抚恤金水平较参照标准的优势程度，与抚恤救助待遇水平呈正比关系
	W_{12} 救助金占困难家庭可支配收入的比重	救助金/困难家庭可支配收入 × 100%	此指标反映救助金供给水平，与抚恤救助待遇水平呈正比关系
	W_{13} 优抚医疗机构"三甲"占比	"三甲"优抚医疗机构/优抚医疗机构总数 × 100%	此指标反映医疗保障水平，与抚恤救助待遇水平呈正比关系
	W_{14} 临时救助住房满足率	实际入住临时救助住房家庭数/申请临时救助住房家庭数 × 100%	此指标反映救助层面的住房保障水平，与抚恤救助待遇水平呈正比关系
补充保险 W_2	W_{21} 补充养老保险替代率	职业年金/退休前工资水平 × 100% + 团体人寿保险替代率/退休前工资水平 × 100%	这是反映补充养老保险保障度的指标，与补充养老保险待遇水平呈正比关系

续表

指标类型	指标项目	赋值方法	指标说明
补充保险 W_2	W_{22} 补充医疗保险覆盖率	参保续保人数/退役军人总数×100%	该指标反映补充医疗保险的规模，与补充医疗保险待遇水平呈正比关系
	W_{23} 住房公积金贷款贡献率	住房公积金贷款金额/家庭购房款总额×100%	该指标反映住房公积金对退役军人家庭购房的贡献程度，与住房待遇水平呈正比关系
就业培训 W_3	W_{31} 非自愿失业率	非自愿失业人数/退役军人总失业人数	该指标反映就业培训效果与就业保障环境，间接体现退役军人就业能力，与培训就业待遇水平呈反比关系
	W_{32} 平均工资水平	抽样调查退役军人初次再就业的平均工资水平	就创业和教育培训待遇水平的直观反映之一，体现退役军人就创业能力及教育培训待遇效果
	W_{33} 学历教育比重	具有本科及以上学历的退役军人占退役军人总数的比例	该指标反映退役军人知识素养层次和教育培训待遇水平，间接体现退役军人就业创业能力
	W_{34} 职业资格持证比例	持有执业资格证书的退役军人占退役军人总数的比例	该指标间接体现退役军人就业能力
荣誉优待 W_4	W_{41} 优待水平满意度	调查退役军人对社会优待项目及程度的满意度	包括住房、出行、教育、医疗、养老法律援助等优待项目满意度，该指标项可进一步细化

续表

指标类型	指标项目	赋值方法	指标说明
荣誉优待 W_4	W_{42} 公平性满意度	调查不同地区、年龄、学历、服役岗位的退役军人对待遇保障的满意度	该指标包括城乡差别、贡献差别和区域差别等方面的满意度，可进一步细化
	W_{43} 社会认同度	调查其他社会群体对优待退役军人的认可程度	该指标反映社会群体是否认可国家对退役军人实施优待保障，社会氛围上是否形成明显的崇军尚武价值导向
制度发展 W_5	W_{51} 待遇支出增长幅度	上一年度待遇财政投入/本年度待遇财政投入	该指标反映国家对退役军人待遇支出的财政投入情况

请根据指标之间的相互影响关系进行评分。表 A-2 中左侧列当中的指标为影响因素，上方行当中的指标为被影响因素，影响程度请用 $[0,1]$ 内任意数字表示，分值越高表示影响越强。如表 A-2 中左侧列内 W_{13} 优抚医疗机构"三甲"占比对上方行中的 W_{41} 优待水平满意度影响很大，则记分为 1；W_{13} 对 W_{11} 抚恤金参照标准优势度存在影响，但不是非常强，记 0.3 分；W_{13} 对 W_{12} 救助金占困难家庭可支配收入的比重没有直接影响，记 0 分。请按您的经验以此标准填写完成表 2 内所有影响关系值。

表 2 退役军人待遇水平标准评价指标影响关系表

	W_{11}	W_{12}	W_{13}	W_{14}	W_{21}	W_{22}	W_{23}	W_{31}	W_{32}	W_{33}	W_{34}	W_{41}	W_{42}	W_{43}	W_{51}
W_{11}			0.3									0.7	0.7		
W_{12}												0.5			
W_{13}	0.3											1	1		
W_{14}			0.7									0.7	0.7	0.5	
W_{21}														1	
W_{22}	0.7		0.7										0.5		

续表

	W_{11}	W_{12}	W_{13}	W_{14}	W_{21}	W_{22}	W_{23}	W_{31}	W_{32}	W_{33}	W_{34}	W_{41}	W_{42}	W_{43}	W_{51}
W_{23}	0.3												0.9	1	
W_{31}										0.7	1	0.7	0.7	0.9	
W_{32}										0.9	1	0.7	0.5	0.7	
W_{33}	0.1		0.3			0.3						0.9	1		0.1
W_{34}	0.9		0.7		0.9	0.9	0.9					0.7	0.7		
W_{41}													0.5		
W_{42}												0.5		1	0.3
W_{43}					0.7		0.9	0.9		0.9	0.9	1			0.7
W_{51}	0.3	0.1	0.7	1	0.3	0.5		0.7	0.7			0.5			

后 记

《我国退役军人待遇制度创新研究》作为一本面向理论与实践研究范式创新的著作，与我的求学轨迹及学术历程息息相关，是对多年来给予我指导和帮助的众多师长的回报。我的硕士及博士研究生导师郝万禄教授，长期致力于退役军人事务发展理论研究，取得了一批开创性成果。在他的鼓励下，我选择了"我国退役军人待遇制度改革创新研究"这一具有重要理论价值与现实意义的课题。难忘导师在学业上循循善诱、谆谆教诲；在科研上，孜孜不倦、甘为人梯；在生活上，导师与师母关怀备至、呵护有加；在做人上，导师更是率先垂范、以身作则。见贤思齐，导师身上热忱、严谨、谦逊、追求卓越的优秀品质，给了我终身受用的教益。我的博士后合作导师尚伟研究员，是国家退役军人事务部专家咨询委员会专家委员，我与尚老师相识，也是缘自退役军人事务部理论研究课题评审会。博士后在站工作期间，在尚伟老师的悉心关怀与有力指导下，我有幸参与了多项研究任务，极大地拓宽了我的学术视野，锤炼了我的科研本领，坚定了我以投身科研实践献身国防建设的人生追求。尚伟研究员深厚的哲学功底、犀利的学术视角、认真的科研态度，严谨的学术品格，以及为我付出的极大心血，都使我难以忘怀。追随在两位导师身边学习的时光，是我成长进步最快的阶段。

本书的出版，同样离不开对我学业精心指导、对书稿提出宝贵意见的荔万俊研究员、罗传才研究员、曾荣仁研究员、张跃东教授、张文杰教授、侯云翔教授、舒本耀教授、罗颖录教授、刘星星教授、李博平教授、刘志富教授、朱廷春教授、范汉杰教授、张明仓研究员、马卫防研究员、江新凤研究员、范跃江研究员、蔡善飞将军、李力生政委、杨默遥副教授、黄薇副教授、槐芙利副教授、陈思副研究员、施庆国主任、赵杰主任以及退役军人事务部、内蒙古自治区退役军人事务厅和江西省吉安市退役军人事务局的领导同志，你们给予我的支持、帮助和有力指导，使我的研究更加深入、更加落地。

  退役军人待遇问题事关退役军人核心利益，事关军心士气，事关国防和军队建设大局，是一项十分复杂的系统工程。我虽在力所能及的范围内进行了探索研究，但由于理论基础和实践视野有限，尚有许多遗憾之处，比如，对退役军人待遇水平的研究，受到目前基础统计数据尚未公开的影响，只能采用ANP的方法进行初步研究，待将来具备大样本和详实具体数据的条件后，可进一步采用结构方程模型和因子分析法等方法对指标体系和权重分析进行完善；对外国退役军人待遇制度的研究，所参考引用的数据资料时效性不够强，等等。本书只是对退役军人待遇制度的一个初步研究，是引玉之砖，千虑之一得，我真诚地期盼有更多的学界前辈、专家学者关注这一问题，期待各位老师不吝赐教，愿与大家共同努力，继续探索。